*Gewidmet all den Menschen,
die unter den Auswirkungen der Pandemie
gelitten haben oder noch immer leiden
und jenen Millionen, die weltweit
daran zugrunde gegangen sind.*

Die Prophezeiung

Volker Vogelzug hatte eine zweitägige Fahrt in einem Reisebus hinter sich, nachdem er auf dem Flughafen von Tiflis gelandet war. Als Inhaber zweier Reisebüros liebte er Abenteuer und fremde Orte, doch dass er den letzten Abschnitt seiner Reise in das Dorf Zalkoni zu Fuß zurücklegen musste, schmeckte ihm nicht. Für ihn als ungeübten Wanderer bedeutete der knapp siebenstündige Fußmarsch durch die bergige Welt des Kaukasus eine gehörige Strapaze.

Doch hatte er diese, wie auch die gesamte Reise nach Georgien gerne auf sich genommen, weil Frau Ekwtimischwili, Inhaberin eines auf die Kaukasusregion spezialisierten Reisebüros, ihm von dem in Zalkoni ansässigen Eremiten Nachise berichtet hatte. Nachise konnte die Zukunft voraussagen, das waren ihre Worte, und Volker erhoffte sich daraus einen Gewinn für zukünftige Geschäfte, der alle seine Mühen vielfach kompensieren würde.

Am Abend erreichte er Zalkoni mit schmerzenden Füßen, jedoch in guter Verfassung. In einer Bäckerei, wo er seine leiblichen Bedürfnisse stillte, erkundigte er sich nach dem Wohnsitz des Eremiten. Dem Bäcker schien Nachise nicht unbekannt zu sein. Er verwies seinen Gast an den Gemeindevorsteher Batoni Baadur, der für touristische Angelegenheiten zuständig sei. Volker machte sich gleich auf den Weg, nachdem er beim Bäcker ein Zimmer für die Nacht reserviert hatte. Die Sonne stand bereits tief am Himmel und es war zu spät, um den Wahrsager noch heute aufzusuchen. Der Gemeindevorsteher wohnte nicht weit entfernt, in einer mit Erkern und Giebeln verzierten Villa, die einmal bessere Tage gesehen hatte.

Volker klopfte an der Tür und als sich diese öffnete, stand im Türrahmen ein nur mit einem Bademantel bekleideter Mann, dessen Gestalt Volker an einen Ringer erinnerte. Batoni Baadur verneinte zuerst, einen Einsiedler namens Nachise zu kennen. Doch Volker insistierte. Womöglich hätte er den Namen des Eremiten nur nicht richtig ausgesprochen, sagte er und hielt dem Gemeindevorsteher einen Fünfzig-Dollarschein vor die Nase.

Batoni Baadurs breites Gesicht verzog sich zu einem Grinsen. „Nachiise", sagte er gedehnt und stopfte den Schein in seine Jackentasche. Er ging in Haus und kehrte nach einer Weile mit einem Brief in der Hand zurück. Diese Genehmigung müsse er Nachiise vorlegen, betonte er, während er seine Hand ausstreckte, um Volker noch zwei weitere Fünfzig-Dollarscheine abzunehmen. Nachdem dies geschehen war, tat er einen Schritt vor das Haus und deutete auf den mächtigen Berg, der sich dicht hinter dem Dorf erhob. Dort oben auf dem Uschanbuldi würde Volker den Eremiten Nachiise finden.

Am nächsten Morgen verstand Volker schon besser, warum das abgeschiedene Dorf Zalkoni einen so wohlhabenden Eindruck machte. Sein Gastwirt verlangte von ihm sechzig Dollar für bescheidene Kost und Logis. Doch was blieb Volker anderes übrig, als das zu akzeptieren? Seine Reisekasse war bereits stark geschrumpft, aber die Aussicht auf einen saftigen Gewinn mit Hilfe von Nachises Prophezeiungen ließ ihn den Geldverlust unter der Rubrik Werbungskosten verschmerzen.

Mit solchen Gedanken im Kopf konnte der Aufstieg auf den Uschanbuldi nicht zu strapaziös sein, um sich nicht zu lohnen. Nach vier Stunden Marsch erreichte Volker ein Plateau dicht unter dem Gipfel. Dort endete der Weg auf einer Wiese. Kleinwüchsige Bäume standen im Sonnenlicht und die herbstliche Jahreszeit hatte die Blätter bereits bunt verfärbt. Trotz der Höhe von 1500 Metern war die Luft noch mild.

Ein verwittertes Schild an einem Baum wies in die Richtung, wo Nachises Unterkunft sein mochte. Nach ein paar hundert Metern Wegstrecke ragte ein kahler Fels zum Gipfel auf. An dessen Fuß befand sich eine Öffnung, die groß genug war, um Volker den Zutritt in gebückter Haltung zu gestatten. Er rief den Namen des Eremiten, erst zaghaft, dann lauter. Als Volker vermeinte, aus dem Inneren des Felsens etwas zu hören, machte er ein paar vorsichtige Schritte in das Dunkel hinein.

Ein schwacher Lichtschein schimmerte an der hinteren Felswand, wo der Gang in einer Biegung verlief. Nach ein paar weiteren Schritten hatte Volker die Krümmung des Stollens hinter sich gelassen. Ein altersloser Mann saß vor ihm in einer Höhle auf einem prächtig verzierten Teppich. Dieser war von bestickten Kissen umsäumt und ein warmes Licht kam aus einer mit Ornamenten verzierten Lampe. Nachise hielt seine Augenlider geschlossen und begrüßte Volker mit seinem Namen. Mit einer Geste lud er ihn ein, sich auf eines der weichen Kissen zu setzen.

Der Gemeindevorsteher hatte versichert, dass Nachise gut Englisch sprach, was Volker auch nicht überraschte. Sicherlich war er nicht der erste Ausländer, der den beschwerlichen Weg zu dem Wahrsager auf sich genommen hatte.

Bevor Volker den Mund aufmachte, sprach Nachise. Er wüsste bereits, was Volkers Begehr sei, nämlich etwas über seine geschäftliche Zukunft zu erfahren. Volker war beeindruckt, nickte wortlos und überreichte ihm das Schreiben des Gemeindevorstehers, welches Nachise ohne Weiteres in sein Gewand verschwinden ließ. Dann deutete er auf einen vor ihm stehenden Krug.

„Dollars, Euros, Pounds or Crowns", krächzte Nachise fröhlich. Dabei hielt er seinen knochigen Zeigefinger über die breite Öffnung des Gefäßes. Volker ließ eine Fünfzig-Dollarnote hineinfallen, doch der Eremit streckte seinen Finger weiterhin aus, bis Volker seine fünf noch verbliebenen Fünfzig-Dollarscheine in die Öffnung des Kruges gesteckt hatte.

Offenbar waren dreihundert Dollar der Tarif und von irgendetwas musste der Mann ja leben, sagte sich Volker. Er erzählte von seinen Reisebüros in Berlin und Hamburg, und dem Vorhaben, noch ein Drittes in München zu eröffnen. Fernreisen waren der Renner und das würde zukünftig doch auch so sein? Ob Nachise ihm wohl sagen könnte, welche Orte im kommenden Jahr besonders gefragt wären, dann könnte Volker gleich nach seiner Rückkehr die notwendigen Kapazitäten dort reservieren.

Nachdem er das gesagt hatte, schaute Volker den Eremiten erwartungsvoll an. Gedanken an brasilianische Strände, afrikanische Urwälder, aber auch Reisen in die Megametropolen aller Kontinente schwirrten in seinem Kopf herum, als er Nachises Stimme erneut vernahm:

„Deine Reisebüros werden schließen, du wirst deine Angestellten entlassen und kaum jemand wird noch eine Reise zu den fernen Orten buchen, an die du denkst. Die Miete für deine Reisebüros wird dir deine letzten Ersparnisse rauben und in einem Jahr wirst du vor einem Scherbenhaufen stehen, was deine Geschäfte und dein Privatleben betrifft."

Volker traute seinen Ohren nicht. „Ich bin nicht so weit gereist, um mir einen solchen Quatsch vortragen zu lassen", platzte es aus ihm heraus.

Frau Ekwtimischwili würde er etwas erzählen! So eine dumme Person! Er sprang auf und warf, mit dem Gedanken hier nur seine Zeit und sein Geld vergeudet zu haben, einen Blick auf seine Uhr. Das heutige Datum, der 20. September 2019 leuchtete ihm entgegen. Es war kurz nach Mittag. Er musste sich beeilen, wenn er das Dorf noch bei Tageslicht erreichen wollte.

„Corona! Corona!" schrie Nachise hinter ihm. „Wait Volker! Think about Corona!"

Als er das vernahm, beschleunigte Volker seine Schritte, um weiteren Geldforderungen des gierigen Einsiedlers zu entkommen. Was anderes als schwedische Kronen konnte Nachise gemeint haben, da er ja wusste, dass Volker keine Dollarnoten mehr besaß? Wütend über den unverschämten Betrug stapfte er den Weg zum Dorf hinunter.

„Außer Spesen nichts gewesen," murmelte Volker Vogelzug, ohne zu wissen, dass dieser Satz sich bald für ihn und viele andere noch viel bitterer bewahrheiten sollte, als er es je für möglich gehalten hätte.

Andrea Brenner

Auszeit im Bad

Corona kam schleichend. Es kroch leise an, wie ein mickriger, nicht ernstzunehmender Gegner. Wie die kleinen Schildkröten, damals bei Super Mario. Gemütlich und nicht besonders bedrohlich spazierten sie auf Mario zu. Wenn du aber nicht auf ihn Acht gabst, kostete ihm das sein Leben. Mit dem Unterschied, dass Mario einfach wiederauferstehen konnte.

Zum ersten Mal las ich am 20. Jänner 2020 von Corona. „Mysteriöse Lungenkrankheit in China breitet sich aus", lautete die Schlagzeile. Per WhatsApp schickte ich einen Screenshot an meinen Mann und fügte ein mit den Augen rollendes Emoji hinzu. Nicht einmal im Traum hätte ich ahnen können, wie sehr das Virus innerhalb weniger Wochen unser aller Leben beherrschen würde.

In der nächsten Zeit wurde Corona in den österreichischen Nachrichten immer präsenter. Doch so lange es in China war, war es dort gut aufgehoben. Schockierend, aber doch so weit weg. Wie bei vielen anderen Katastrophenmeldungen. Anders sah es aber aus, als die Schreckensmeldungen aus Italien eintrafen. „Jetzt ist es bei uns angekommen", sagte ich zu meiner Mutter. Dann, die ersten Fälle in Österreich. Doch mein Leben ändern, soziale Kontakte einschränken? Auf diese Idee wäre ich nicht gekommen. Dafür begeisterte ich mich für die Idee des Hamsterkaufs. Ich hatte Berichte aus Italien gesehen. Menschen standen mit Masken und ihren Einkaufswagen stundenlang vor Supermärkten an. Nein, das würde mir nicht passieren. Also legte ich Vorräte an. Vorräte mit allen möglichen Lebensmitteln, die ich brauchte und die ich glaubte zu brauchen. Ich habe sicherlich einen Beitrag dazu geleistet, dass in meinem Lieblingssupermarkt Toilettenpapier und Nudeln ausverkauft waren.

Trotz der ganzen Situation traf ich mich mit Freunden in einem Wiener Lokal. Wir aßen, unterhielten uns, stießen an, hatten Spaß. Im Nachhinein war das einer der letzten „normalen" Abende, an den ich während des Lockdowns gerne zurückdachte. Mein Mann und ich besuchten am letzten Wochenende vor dem Shutdown noch eine Akrobatenshow mit dazugehörigem Dinner im Wiener Prater. An Abstand dachten wir immer noch nicht. Nur an Desinfektionsmittel. Das war gut, aber leider aus. Einsam standen die leeren Spender beim Eingang des Saales. Die Situation war etwas merkwürdig, sogar irgendwie unheimlich. Dennoch genossen wir einen unbeschwerten Abend. Wir lachten über den Witz eines Schauspielers. „Keine Sorge, ich habe keinen Coronavirus", rief er ins Publikum, als er von einem Rotweinglas einer Zuschauerin trank. Schallendes Gelächter ertönte von allen Seiten. Es sollte der letzte unbeschwerte Abend für eine lange Zeit sein.

Die Woche darauf wurden Verbote von Großveranstaltungen bekanntgegeben, ebenso die kommenden Schulschließungen. Jetzt war das Virus endgültig da. Es war leise gekommen, aber nun war es laut. Es schrie uns förmlich an und rüttelte an unseren Köpfen. Die Medien und die Politik trugen alles Weitere dazu bei, um die Kunde zu verbreiten.

Langsam dachte man daran, doch lieber zu Hause zu bleiben oder heimzukehren, wo auch immer man sich gerade befand. Der Sohn einer Kollegin war gerade auf Skikurs, die Schule holte die Klasse frühzeitig zurück. „Auf der Skipiste ist man wahrscheinlich sicherer, als in der Wiener U-Bahn", besprachen wir noch im Büro. Zum Glück war das Kind nicht in Ischgl. Dort urlaubte zur gleichen Zeit eine Männergruppe, mit dabei ein Bekannter einer Bekannten. Einer dieser Männer verstarb kurze Zeit später an Corona.

Die Bundesregierung verkündete schließlich den Lockdown, den totalen Shutdown. So etwas hatte es bisher noch nicht gegeben. Weder in meiner Generation, noch in der meiner Eltern. Die Straßen in meiner sonst so belebten Kleinstadt waren menschenleer. Wenn man die Wohnung verließ, hatte man ein schlechtes Gewissen. Einkäufe erledigte ich nur noch zwei Mal pro Woche und ich wog ständig ab, ob sie denn auch wirklich notwendig waren.

Die „Zeit im Bild" strahlte gespenstische Bilder aus, vom leeren Wien, leeren Mailand, leeren Paris, leeren New York. Statt der lustigen, seichten Abendserien wanderten die Nachrichten in unser Hauptabendprogramm. Pressekonferenzen wurden mit solch großer Spannung verfolgt, wie wir sie bisher nur als Zuschauer von Fußballspielen gekannt hatten. Leider blieb bei Corona der Torjubel aus. Mit eingezogenen Köpfen und traurigen Gesichtern gingen wir als Verlierer vom Platz.

Das Kind wurde des Öfteren vor dem Fernseher geparkt, während ich total überfordert Telefongespräche mit Familie, Freundinnen und Kolleginnen führte. Besonders ein Gefühl war immer vorherrschend: die Angst. Die Angst, sich zu infizieren. Die Angst, dass man seine älteren Familienmitglieder ansteckt. Die Angst, die mir den Atem raubte, auch ohne an Corona erkrankt zu sein.

Vor der Coronazeit ging ich liebend gerne zur Pediküre, zum Frisör, zur Massage. Alle diese Termine dienten vor allem einem Zweck: meiner Entspannung. Nun gab es aber diese Entspannung nicht mehr, ich musste sie eintauschen gegen Angst und ständige Anspannung.

Eines Tages durchforstete ich Instagram, da sah ich sie: die Story einer Bekannten. Sie ist Inhaberin eines Wiener Reformhauses. In ihren Videos stellte sie Kosmetikbehandlungen für zu Hause vor. Schon allein der Klang ihrer Stimme hatte etwas Beruhigendes für mich. Begeistert lauschte ich ihren Anleitungen und ließ mich inspirieren. Voller Vorfreude begab ich mich in eine Drogerie in meiner Nähe und kaufte einen Korb voller Pflegeprodukte. Am Abend sperrte ich mich ins Badezimmer ein. Ich nahm mir Zeit, ganz für mich alleine. Ich reinigte meine Poren, trug ein Gesichtspeeling auf und verwöhnte meine Haut anschließend mit einer wohlriechenden Pflegecreme. Aus diesem kurzen Gefühl der Entspannung, aus diesen wenigen kostbaren Minuten, schöpfte ich enorme Kraft, die Krise zu überstehen. Dafür bin ich sehr dankbar.

Ich habe gelernt, mich an kleinen Dingen zu erfreuen. An Spaziergängen, Radtouren und Spa-Abenden im Bad. Ich kaufte mir Pediküre-Werkzeug, eine Haarschneidemaschine und wurde zur Frisörin meines Mannes und meines Sohnes. Durch den Lockdown bekam ich wertvolle Zeit mit meinem Kind geschenkt. Ich kochte, ich backte, ich probierte neue Rezepte aus. Dennoch war ich froh, als wir wieder etwas Normalität geschenkt bekamen.

Ein halbes Jahr später, hat uns Corona erstmals direkt betroffen. Das Kind bekam Fieber. Unspezifische Symptome. Eine Infektion konnte nicht ausgeschlossen werden. Ein Test wurde angeordnet. Dann, das Ergebnis: negativ. Darauf ein Bad.

Erich Pfefferlen

lernt aus meinen erfahrungen

appelliert der erste coronainfizierte
junge mann mattia
in italien patient eins
hat es so heftig erwischt
dass er nicht mehr selbstständig
atmen konnte

nehmt diese krankheit ernst
lautete seine botschaft
sobald er es schaffte
wieder allein zu atmen

er fange jetzt wieder an
zu leben
zu erleben
die schönste sache der welt:
wieder atmen zu können

Angelika Polak-Pollhammer

coronatime

kua bier
mit limette
kua bier
bei an feschtl
lockdown isch
darhoam hockn
sig nimmer sehchn
nimmer zammen feiern

ih wünsch mir
bein erschten zitronenfalter
den ih siehch
dass der wintereinbruch in frühling
glei vorbeigeaht
und mir wieder mitnand tanzen

coronatime/kein bier/mit limette/kein bier/bei
einem fest/lockdown ist/daheim sitzen/sich nicht
mehr sehen/nicht mehr zusammen feiern/ich
wünsche mir/beim ersten zitronenfalter/den ich
sehe/dass der wintereinbruch im frühling/bald
vorbei ist/und wir wieder miteinander tanzen

Daniela Pongratz

Corona-Krise zu Hause

„Nein, du darfst jetzt nicht raus."

„Die Julia darf auch."

„Sie ist jung, sie darf einkaufen gehen."

Meine Mutter verschränkt die Arme, kneift die Augen zu Schlitzen zusammen, sodass sich am Ansatz der Nase zwei tiefe Furchen bilden und wendet den Kopf von mir ab.

Ich stehe die empfohlenen zwei Meter von meiner Mutter entfernt und muss der 66-jährigen, agilen Frau klarmachen, dass die von der österreichischen Bundesregierung empfohlenen Maßnahmen gegen das Corona-Virus einzuhalten sind und nur zum Schutz ihrer Gesundheit dienen. Demnach dürfen wir alle nur notwendige Wege erledigen (zur Arbeit, Arzt, Apotheke, Lebensmitteleinkauf usw.), müssen soziale Kontakte weitgehend einschränken und Menschen über 65 (die gefährdete Risikogruppe) sollen nicht mit Kindern in Kontakt treten.

Ich atme tief durch. In diesem Atemzug denke ich an meine quirlige Tochter, die gerade von meinem Mann zu Hause betreut wird, an die Einrichtung meines Homeoffice-Arbeitsplatzes und der gleichzeitigen Sorge, meinen Job auch in Zukunft zu behalten.

Die Titelseite der am Küchentisch liegenden Zeitung fällt mir ins Auge. Ich nehme diese in die Hand und halte sie hoch.

„Schau auf dich, bleib zu Hause. Besonders wenn du über 65 bist. Ihre Bundesregierung."

„Das gilt ja nicht für mich."

„Wie alt bist du, Mama?"

Sie schweigt. Dieses Mal werden nicht nur ihre Augen kleiner, sondern auch ihr Mund zieht sich zu einem Schnoferl zusammen.

„Ich fahre jetzt zum Luigi", mein Papa schnappt sich die Autoschlüssel und will an mir vorbei. Meine Nerven unterziehen sich gerade einer Zerreißprobe.

„Du darfst jetzt nicht zu deinem Freund."

„Aber, geh hör auf", Papa nimmt mich nicht ernst.

„Soziale Kontakte meiden."

„Aber er ist mein bester Freund."

„Er ist noch dazu Italiener. Dieses Land hat tausende Infizierte."

„Na und? Er war schon lange nicht mehr in Italien."

„Trotzdem."

Mir kommt vor, ich rede mit zwei sturen Lamas, die jedes Argument von mir anspucken.

Ich spüre wie die Verspannung in meinem Nacken Kopfschmerzen auslöst.

Ich lasse mich auf einen Stuhl sinken.

„Ich fahre jetzt."

„Bitte Papa, bleib daheim."

„Ich darf mein Enkelkind nicht sehen, ich darf meinen besten Freund nicht treffen."

Ich vergrabe mein Gesicht in meinen Händen, was ich auch nicht darf und murmle schwach: „Ihr bekommt den ganzen Tag Infos über das Corona-Virus. Ihr wisst genau was ihr tun dürft und was nicht. Wieso muss ich mit euch drüber diskutieren?"

Meine Mutter kommt näher und will mir über meinen Kopf streicheln, zieht dann wieder ihre Hand zurück.

Eine Krise hat sich über das Land gelegt. Über unsere ganze Welt. Sie trifft jeden einzelnen von uns – und meist da wo es wehtut. Ganz persönlich. Wir dürfen geliebte Menschen nicht mehr umarmen – das tut weh. Egal wie alt man ist. Vernunft steht in meinem Alltag, im Job, in der Familie, an der Tagesordnung. Aber meinem Kind jetzt zu erklären, warum es nicht zu Oma darf und umgekehrt, ist schwierig. Niemand weiß, wie lange diese Verbote noch aufrecht bleiben.

Keiner im Raum sagt ein Wort. Wir alle wissen, dass uns nichts anderes übrigbleibt, als das durchzustehen. Trotzige Worte und Zorn sind nur unnütze Mittel gegen unsere Machtlosigkeit.

Meine Mutter schiebt mir die Einkaufsliste über den Küchentisch herüber. Ich packe sie ein. Mit sicherem Abstand winken wir uns zu und hoffen, uns alle wieder bald gesund in die Arme nehmen zu dürfen.

Silke Gruber

Ausgangssperre Tag vier, Bilanz

Umverteilung der Energiereserven der
haushaltsführenden Person und damit
einhergehend komplette Auslöschung
aller Erziehungsprinzipien: vollzogen.
Beschränkung der Fernsehzeit: aufgehoben.
Beschränkung auf rationale Gedanken:
aufgehoben.
Gerechte Behandlung der minderjährigen
Haushaltsangehörigen: aufgehoben.
Nachvollziehbarkeit des elterlichen Verhaltens:
irrelevant.
Schlechtes Gewissen: maximal.
Systemischer Benefit: unklar.
Corona-Tote: lmgtfy

Am Tag 93

Phase I 73/366
Und es heißt, wenn die Sonne am Dreikönigstag
scheint, kündigt sich ein friedliches Jahr an.
Über den kanarischen Inseln: Sonne.
Tage des #grenzenlosglücklich Gefühls
der Glückstank so voll wie nie zuvor.
Einatmen – Ausatmen – Lächeln

Erleichterung, Leichtigkeit
Freiheit atmen
Inhalieren von Ideen
Einatmen – Ausatmen – Lächeln

Ein Abend in einer Kirche.
Gitarren stehen auf der Bühne.
Mit der Musik kommt das große Gefühl.
Vor der Bühne tanzend sind wir noch einmal alle
in dem Moment verbunden.
Naive Unwissenheit über die Einzigartigkeit des
Abends
Unbewusstes Einschließen der Erinnerung, der
Empfindung dieses Genusses.
Einatmen – Ausatmen – Lächeln

Erfurt
Hanau
Nach Worten ringen
Wuhan
Nach Atem ringen
Einatmen – Ausatmen – Atem anhalten
Karneval
Illusion von Normalität.

Augen rollen bei jedem einzelnen „Atemlos"
Wir alle tanzen – Illusion von Nähe
Einatmen – Ausatmen

Writer's Conference
Freude sich an einem richtigen Ort zu befinden
Ihr werdet zweifeln, zweifeln, zweifeln
Ihr braucht Disziplin, Geduld und müsst irrsinnig
viel arbeiten
Ihr werdet damit niemals Geld verdienen
Leidenschaft sehen, Atmosphäre inhalieren
Es brennt ein Feuer, seine Flammen werden
angefacht
Einatmen – Ausatmen

Phase II 93/366

Pinnwand
Ich ziehe die Pinnwand-Nadel heraus. Sie hat die
Form einer Flagge.
Meine Hände nehmen eine Postkarte aus der
bunten Sammlung von Gutscheinen,
Eintrittskarten
Meine Herz verbindet sich mit den Erinnerungen
Meine Augen lesen
Einatmen – Ausatmen – Lächeln – Mehr ist nicht
zu tun

Schlaflose Nächte
Ein namenloses Gewicht auf meinem Brustraum
Gehen wollen, nicht gehen wollen, bleiben wollen
– hier und da
Atemloses Schluchzen während die Finger zittern
und einen Flug stornieren
Einatmen – Ausatmen

Los Gigantes
In der Sonne des Dreikönigstages hatte es den
Beginn eines neuen Jahres begleitet.
12 Wochen später ist das Hotel geschlossen
Es bleibt eine Nachricht an die Belegschaft
Tägliche Online-Spielchen als Animation für
die Gäste
Einatmen – Ausatmen

Distanz
Von Nachrichten
Sich selbst schützen
Von Menschen
Sich selbst schützen – andere schützen
Abstand gewinnen und weitermachen
Einatmen – Ausatmen

Paranoia
Jedes Kratzen im Hals
Jedes Brennen der Lunge
Jedes Husten
Einatmen – Ausatmen

Angst
Nach Luft ringen in der Panik alle Anker zu
verlieren
Atemlosigkeit im Gefühl alle erkämpfte Freiheit
zu verlieren
Mich selbst beruhigen
Einatmen – Ausatmen

Ambivalenz
In einer Minute an einem Ort Atem schöpfen,
Natur atmen, Weite sehen.

In einer Minute das Gefühl zu ersticken.
Einschränkungen schneiden mir den Atem ab.
Was eben noch weit war, ist jetzt unerträglich eng.
Heute die Reduzierung von Geschwindigkeit
genießen.
Morgen die Freiheit der Möglichkeit mit fast
körperlichem Schmerz vermissen.
Einatmen – Ausatmen

#icantbreathe
Nach dem Ersticken in Wuhan, Bergamo,
Madrid, Rio
8 Minuten, 46 Sekunden in Minneapolis
8 Minuten 46 Sekunden von einem der 93 Tage
Fassungslosigkeit über das Geschehen
Wir halten den Atem an im Unglauben welche
Dimensionen die Atemlosigkeit noch
erreichen will.
Einatmen – Ausatmen

Hinterhaus Amsterdam
„Am besten finde ich noch, dass ich das, was ich
denke und fühle zumindest aufschreiben kann,
sonst würde ich völlig ersticken".
Ausdruck als Ventil
Einatmen – Ausatmen

Tag 93
Am Tag 93 sitze ich am Fluss und fühle mich
gerade wieder gefangen
Einatmen – Ausatmen
Am Tag 93 frage ich mich, ob mein Gefühl des
Erstickens überhaupt Berechtigung hat.
Einatmen – Ausatmen

Am Tag 93 sind meine Gründe im Vergleich
gesehen klein, unbedeutend, lächerlich
Einatmen – Ausatmen
Am Tag 93 sind sie aber mein Gefühl und auch
mein Mitgefühl
Einatmen – Ausatmen
Am Tag 93 spielt es nur eine Rolle beidem
Ausdruck zu verleihen
Einatmen – Ausatmen

Dagmar Cechak

Danach

Hängen in einer Blase. Rundum Stille, rundum
Leere. Leere Plätze, leere Wege, leere Geschäfte.
Dort drüben, war da nicht was? Die Augen konzentrieren sich auf die Gestalt, die weiter oben in
die Gasse einbiegt mit abgewandtem Kopf und
schnellen Bewegungen. Ein Geräusch lässt sie innehalten. Zwei Stockwerke darüber wurde ein
Fenster geöffnet, instinktiv geht der Blick nach
oben und der ferne Beobachter sieht den Menschen da vorne im Profil. Hungrig saugt sich sein
Blick an dem Anderen fest, man sieht ja so wenig
Leute heutzutage. Außer im Fernsehen, aber wirkliche Menschen, die sieht man kaum mehr, die halten sich alle in der Isolation auf, und die paar
Schritte, die man vor die Türe gehen darf, die sind
zeitlich reglementiert. Kaum, dass man jemanden
trifft. Umso intensiver sieht man hin, wenn man
endlich wieder einmal einen realen Menschen
sieht und sei es auch nur von ferne. Man starrt ungeniert und kann nicht viel erkennen. Der Kragen
des Mantels ist ja hochgeschlagen, die Mütze tief
in die Stirne gezogen, die Augen kann man auf
die Entfernung nicht so genau sehen und über
Nase und Mund ist der Atemschutz gespannt,
grüner Stoff mit roten Kringeln drauf, vermutlich
selbst gemacht. In Zeiten wie diesen ist der Mundschutz knapp, man greift zur Selbsthilfe. Überall
im Internet und auch in den Zeitungen gibt es
Anleitungen zum Selbernähen.
Der Mensch da vorne, der von dem Menschen
weiter hinten aus gebührendem Abstand beobachtet wird, fühlt den Blick, der auf ihm ruht. Er

dreht sich um und hebt grüßend die Hand. Der Beobachter grüßt mit einem Kopfnicken zurück, ein Lächeln lässt seinen weißen Mundschutz Falten werfen, der Tag ist gerettet, er hat mit einem richtigen Menschen kommuniziert, hat ihn gesehen und ihn gegrüßt und ihm in Gedanken alles Gute gewünscht. „Vor allem Gesundheit", natürlich.

Welche Bedeutung diese Floskel auf einmal bekommen hat, die sich bisher hauptsächlich auf Geburtstags- und Weihnachtskarten wiederfand, die an die ältere Generation gerichtet waren. „Vor allem Gesundheit!" Eh klar, die Alten mit ihren Wehwechen, die fanden das nett und waren gerührt. Ich war weniger gerührt, als eine junge Kollegin mir das in die Geburtstagskarte schrieb, da wurde ich gerade fünfundvierzig. Sie war neunzehn. „Vor allem Gesundheit!", pah, als ob ich achtzig wäre und mit Krückstock ginge, ich, energiesprühend, damals noch ziemlich faltenfrei und sportlich. Sie hat es natürlich gut gemeint, aber ich habe es nicht vergessen, und das ist jetzt schon fast zwanzig Jahre her. Heute wünschen wir alle einander „Vor allem Gesundheit", mit einem Seufzen unterlegt, weil jeder weiß, dass das in Corona Zeiten nicht mehr so leicht ist, mit der Gesundheit, nicht mehr so „selbstverständlich", wie es für viele, vor allem Jüngere vorher war. Auf einmal ist die Wahrscheinlichkeit krank zu werden, extrem gestiegen. Auf einmal sind all unsere Gedanken nur mehr darauf gerichtet, nicht krank zu werden, und falls es einen doch erwischt, nicht die anderen krank zu machen.

Auf einmal, denkt der Mensch da vorne, der gerade um die Ecke gebogen ist, nachdem er seinen grünen Mundschutz mit den roten Kringeln ge-

radegerückt hat, auf einmal kennt sich keiner
mehr aus, nicht einmal die, die immer das Leben
so total gut im Griff hatten, nein, die schon gar
nicht. Die scheinen noch mehr verunsichert als
die anderen. Weil der gewohnte Alltag weg ist, die
Termine in der Kalender-App nur mehr Makula-
tur sind, die geplanten Reisen, die geplanten Meetings, die geplanten, was weiß ich was für wichtige
Dinge plötzlich nicht mehr wichtig sind, keinen
Stellenwert mehr haben. Die Kurve sollen wir ab-
flachen, dafür wird unser Leben, so wie wir es
kennen, kurz ausgesetzt, die Kurve, die Kurve!
Die Rate ist zurückgegangen, sagen die smarten
Herren im Fernsehen, die unvermittelt zu den
Helden der Nation aufgestiegen sind. Kaum in der
Regierung angelobt, müssen sie schon zeigen, was
sie können. Man hängt an ihren Lippen. Eine Son-
dersendung nach der anderen. Gut machen sie es,
da sind sich fast alle einig. Ob man es anders machen könnte? Das werden wir erst nachher wissen.
Nachher, wenn ohnehin alles anders sein wird als
vorher. Jetzt einmal glauben wir ihnen, dass es keine andere Möglichkeit gibt, als in unser aller Leben kurz auf die Pausetaste zu drücken. Zwei
senkrechte Balken halten unseren Film an.

Pause II

Das gewohnte Leben steht. Das ungewohnte Leben beginnt uns nach zwei Wochen schon beinahe
an sich zu gewöhnen. Die Stille, die Leere da draußen auf den Straßen und Plätzen. Zeit zum Lesen,
Zeit zum Nachdenken für die einen, viel mehr Arbeit, teilweise unter beängstigenden Umständen
für die anderen. Anerkennung und lobende Er-
wähnung für jene, die ihren Dienst tun für die All-
gemeinheit, die dafür sorgen, dass die essentiellen
Lebensvoraussetzungen nach wie vor gewahrt

bleiben, dass das Exil in die Heimisolation ein luxuriöses bleibt. Darüber nachdenken, was diese Menschen leisten. Auch das ist ungewohnt. Positive Gedanken schleichen sich ein.

Wie schön, dass junge Menschen sich verantwortlich fühlen für ältere, mehr gefährdete Mitbürger und sich kümmern. Sich kümmern, auch so ein Wort, das irgendwie im alten Sinne aus dem Sprachgebrauch schon fast verschwunden ist. Sich kümmern, sich Gedanken machen, was jemand brauchen könnte, noch bevor der sich durchringt, darum zu bitten.

In anderer Bedeutung hatte „kümmern" ja eine Renaissance in den letzten Jahren. Da wurden „Kümmerer" eingesetzt oder ernannt, in Unternehmen, in Vereinen, bei Meetings, die mussten dann sehen, dass alles lief, mussten einen Aspekt eines Projektes oder einen Bereich übernehmen und waren als „Kümmerer" dafür verantwortlich. Aber das „kümmern" kam in diesem Fall nicht von innen, das war von außen bestimmt und eingeteilt. Und oft genug erledigte der „Kümmerer" seine Aufgabe recht kümmerlich, sodass der übertragene Bereich verkümmerte.

Doch heute wird richtig gekümmert was das Zeug hält, im besten Sinne und mit Herz und Umsicht und Rücksicht dazu. Die Großelterngeneration und die der schon älteren Eltern wird versorgt und beschützt von den Jungen, und sieht, dass, entgegen aller pessimistischen Voraussagen über die „Jugend von heute" die Jungen Verantwortung übernehmen können und auch tun und überhaupt ganz patente Menschen sind. Das sollten wir uns merken, meint der Mensch mit der grünen Schutzmaske mit den roten Kringeln vor dem Gesicht, auch für später, für den Zeitpunkt, wenn die

Pausebalken wieder dem Pfeil weichen und das
Spiel des Lebens in all seiner Vielfalt von neuem
beginnt

Play ▶

„Play" drückt der Mensch, der von ferne beobachtete und nun zu Hause den weißen Mundschutz heruntergetan hat und eine Frau ist, auf
dem CD-Player. Sanfte Musik erfüllt den Raum.
Sie setzt sich an den Schreibtisch in ihrem Arbeits-
zimmer, schlägt das Buch auf, in dem sie ihre Gedanken festhält und greift zur Feder. Danach,
schreibt sie, danach will ich nicht vergessen, wie
kostbar mir die Menschen auf einmal geworden
sind. Will nicht vergessen, wie einfach man leben
kann, wenn man nicht so viel braucht.
Danach werde ich die Hoffnung an die Menschheit nicht mehr verlieren.
Und sie öffnet das Fenster, denn es ist achtzehn
Uhr und sie klatscht mit den Nachbarn um die
Wette, die sich alle auf ihre Fensterbretter lehnen
und dem Leben applaudieren.

Luca Briewe

Frühlingserschrecken I, Hausarrest

Als das Sterben begann
Beruhigten Hamsterkäufe
Angst Arbeitslosigkeit und Arrest
Streiten und Schlagen in zu kleinen Wohnungen

Als das Sterben begann
Blühten Bäume und Vögel bauten Nester
Ein Zitronenfalter taumelte auf dem Balkon
Und abends erscholl Musik

Als das Sterben begann
Wuchsen Zeltstädte für Infizierte
Unten auf der Straße brachten Radkuriere
ohne Lohn
Pakete vor Haustüren und dem Müllmann
ein Lächeln

Als die Welt erstarrte
Strandete ich in deinem Bett
Malte die Sommersprossen
Deines Rückens zum Sternbild mir

Guido Keller

Das Corona-Testament

Weihnachten 2019 kehrte ich aus Thailand, wo ich die meiste Zeit des Jahres lebe, für sechs Wochen nach Deutschland zurück. Wie üblich wohnte ich in dieser Zeit bei meiner Mutter, und wie üblich wurde ich kurz nach meiner Ankunft krank. In den Jahren davor hatten mich ein hartnäckiger Husten sowie eine fast eintägige Unfähigkeit zu pinkeln lahmgelegt und in mir den Verdacht aufkommen lassen, dass Flugzeuge zu den größten Bakterien- und Virenschleudern überhaupt gehören mussten. Dann gab es da noch diese Prostatitis, die mich alle zehn Minuten aufs Klo schlurfen ließ, ohne dass dann etwas Bemerkenswertes meinen Körper verließ; sie hatte ich mir allerdings schon kurz vor meiner Rückreise eingefangen und mich darum drei Tage lang jeden Morgen im Krankenhaus mit Infusionen für meinen Flug fit spritzen lassen. Am Flughafen bekam ich damals zum ersten Mal in meinem Leben trotz frühem Check-in keinen Platz am Gang mehr, inzwischen musste man diesen vorab buchen. Neben mir saß eine Frau, die verzweifelt versuchte, ihre Beine auf ihrem schmalen Platz zu verklemmen, um eine angenehme Schlafposition zu finden. Ich sagte ihr, dass ich bestimmt jede halbe Stunde wegen einer Infektion aufs Klo müsse und ob sie vielleicht mit mir tauschen wolle, um ihre Ruhe zu haben. Sie stimmte sofort zu, wir tauschten die Plätze und ein paar Mal ruhte ihr Kopf an meinem Arm. Ich überließ ihr auch die Mittellehne rechts von mir, wie man es laut dem Komiker Jim Jefferies zum

Ausgleich für mehr Beinfreiheit am Gang unbedingt zu tun habe.

Nun also, an Weihnachten 2019, begann der trockene Husten. Ich fühlte mich einen Tag lang recht schwach. „Was hast du denn wieder mitgebracht?", fragte meine Mutter. Eine Woche später war sie selbst krank. „Das kann ich ja gar nicht gebrauchen. Der Husten fährt mir in den Rücken." Bei jedem Anfall schmerzte sie ein eingeklemmter Nerv. „Ist das nicht komisch", meinte ich, „dass es mit Husten anfängt und nicht mit Schnupfen oder Halsschmerzen? Und dass es bei mir so schnell vorbei war? Mit meinem Asthma hätte ich allerdings auch gern auf den Husten verzichtet, zwei Mal habe ich Sternchen gesehen und gedacht, ich falle in Ohnmacht, so ist mir die Luft weggeblieben." Meine Mutter war den Husten nach knapp einer Woche los.

Anfang Februar ging es nach Thailand zurück. Was dann die Welt bewegte, wissen wir alle. Ich fragte mich, ob ich vielleicht immun sei, denn die Symptome von Weihnachten passten ganz gut zu Corona. Da es mir nun aber besser ging, testete mich niemand und ich hätte 200 Euro selbst dafür bezahlen müssen. Also praktizierte auch ich *social distancing*. Am 25. März hieß es, es gäbe eine Ausgangssperre, der Notstand würde erklärt. Ich deckte mich mit Nudeln, Soßen, Reis, *Weetabix,* Sojamilch inklusive aller möglichen zugesetzten Vitamine und Aminosäuren, Wasser, Eiern, Joghurt und Fischkonserven ein, so dass ich einen Monat nicht das Zimmer hätte verlassen müssen. In Jordanien zum Beispiel hatten sie schon die totale Ausgangssperre eingeführt, und man musste das Essen direkt beim Militär bestellen. Am 26. März hieß es dann, die Ausgangssperre gelte in Thailand nur nachts.

Meine Mutter hatte von dem Notstands-Dekret im Fernsehen mitbekommen und rief an. Wäre es nicht besser, zurückzukommen? Ich rechnete ihr vor, dass Thailand zwar wohl nur ein Dreißigstel der deutschen Beatmungsgeräte für die schwersten Fälle hätte, aber momentan anteilig auch nur ein Dreißigstel der Infizierten und Toten, die aus Deutschland vermeldet wurden. Ein Rückflug kostete inzwischen außerdem 3.000 Euro anstatt der üblichen 1.000. Schließlich, so sagte ich, sei es doch egal, wo man sich isoliere, und in meinem Zimmer in Thailand wäre es sogar strikter, als wenn ich wieder vorübergehend bei ihr wohnen würde. Inzwischen hatten die Thais, die kaum Klopapier brauchen, weil sie Analduschen benutzen, und die auch keine Kriegstraumata mit sich herumschleppen, Desinfektionsmittel, Masken und Fertigsuppen, die uns Ausländern eh zu scharf und zu nährwertarm waren, gehamstert. Andere Engpässe waren zunächst nicht zu erkennen. Masken wurden bald schon hier und da von pfiffigen Menschen selbst angefertigt, ein profitables Geschäft.

Wie andere fing ich an zu spekulieren, was eine vielleicht monatelange Isolierung mit mir machen könnte und welche Vorteile sie womöglich hätte. Als Schreiber bin ich es ja gewohnt, viel daheim zu sein, und die Erschöpfung nach einem ganzen oder auch nur halben Tag vor dem Notebook-Bildschirm, den es mit sinnvollen Worten zu füllen gilt, ist doch tatsächlich so groß, dass ich abends nichts anderes mache als bei *Netflix* oder in Mediatheken nach Unterhaltung oder Wissenswertem zu stöbern, das eher leicht verdaulich ist. Zunächst änderte sich daran nicht viel. Die Zeit, die täglich für das Aufsaugen von Corona-News draufging, hatte ich ja übrig, weil ich niemanden mehr traf.

Beim morgendlichen Schwimmen auf dem Dach des Condotels, in dem ich mein Zimmer gemietet hatte, kam ein Hustenreiz auf. Durch die Corona-Angst war nun das Sensorium auf mögliche Krankheitssymptome geschärft, und prompt ertappte ich mich dabei, anders über ein ansonsten beinahe alltägliches Handicap nachzudenken: Asthma bei Anstrengung. Im Badezimmer leuchtete ich von nun an regelmäßig in meinen Rachen, der dummerweise ständig gerötet aussah. Was sollte ich davon nur halten? Ich gurgelte mit *Listerine*, das machten die Japaner laut *Youtube* gern, und ich ahmte sie nach.

Als ich mich so in meinem Zimmer umschaute, war mir klar, dass im Falle einer plötzlichen Erkrankung keine Zeit mehr bleiben könnte, meinen geringen Nachlass zu regeln. Mir fiel sofort meine arme Freundin vom Land ein, für deren Kinder ich einst Babysitter war und zeitweise ein Ersatzpapi, weil sie sonst keinen hatten. Im Todesfall würden womöglich die Putzfrauen meine Sachen unter sich aufteilen, denn extra für ein paar Habseligkeiten nach Thailand zu fliegen lohnte sich für meine Verwandten nicht. Ich setzte also ein Schreiben auf, in dem ich den Condotel-Besitzer bat, meine Dinge teils an meinen Bruder zu senden und teils der armen Freundin zukommen zu lassen. Für die Kosten würde meine hinterlegte Mietkaution reichen. Den Rest sollte die Belegschaft des Condotels bekommen und dafür meine Bücher und Sprachkurse in die Stadtbibliothek bringen.

Beim Korrekturlesen dieses kleinen Testamentes fiel mir das Wort „pathetic" ein, das im Deutschen pathetisch heißt. Ich hatte mich schon früher gefragt, ob es in amerikanischen Filmen und Fernsehserien nicht eher vorwurfsvoll im Sinne von „erbärmlich" gebraucht wird und nicht in der milderen Deutung als „übermäßig gefühlvoll". Obwohl mir meine Verteilerliste so sinnvoll vorkam wie eine Patientenverfügung, hatte ich nun diesen übertrieben gefühlvollen Eindruck der Erbärmlichkeit. Dabei war mir klar, dass im Falle eines röchelnden Todes mir nichts so bedeutungslos vorkommen dürfte wie mein Besitz und wer ihn sich unter den Nagel risse. Oder war es gar die Erbärmlichkeit des Besitzes, die mich beschäftigte? Nein, es musste die Unfähigkeit sein, einfach sterben zu können, ohne ein großes Tamtam daraus zu machen.

Für den Fall der Fälle googelte ich freilich nach einer Weltkarte, die Aufschluss über die Beatmungsgeräte aller Länder dieser Welt gab, wurde aber nicht fündig. Ich hätte sonst die Anzahl der Infizierten damit in ein mathematisches Verhältnis gesetzt und mir ausgerechnet, wo es die besten Überlebenschancen gäbe, und dann gecheckt, ob vielleicht noch die Einreise wenigstens mit nachfolgender Quarantäne gestattet wäre.

Am nächsten Morgen beschloss ich beim Schwimmen, mir die Option offenzuhalten, das Corona-Virus zu ignorieren wie bisher das Grippevirus. So könnte ich gar noch ein Kind zeugen, das dann Li oder Guiseppe hieße.

Wolfgang Nöckler

... kauf

ein kunde betritt das tiergeschäft
tut mir leid, sagt der verkäufer
ich habe nur mehr meerschweinchen
(hamster sind aus)

Supersoft

Kontaktsperre. Dass ich nicht lache. Über zu wenig Kontakt kann ICH mich gerade nicht beschweren. Ganz im Gegenteil. Kaum dass ich im Regal verstaut war, hat mich und meine Kollegen schon eine Frau zur Kasse geschleppt.

»Nur ein Paket pro Kunde«, instruiert die Kassiererin.

»Das soll ihnen doch egal sein. Umsatz ist Umsatz«, giftete die Kundin los.

»So sind die aktuellen Regeln. Es soll für jeden etwas da sein.«

»Regeln«, motzte die Frau. »Ich habe das Recht, das einzukaufen, was ich will.«

Aus Protest setzte sie sich wie ein trotziges Kind auf das Laufband. Genauer gesagt auf mein Paket. Autsch! Ich bin doch von der supersoften Sorte.

»Gut, ich rufe den Marktleiter«, seufzte die Kassiererin.

Doch nachdem auch der Chef die Kundin nicht zur Räson bringen konnte, ist die Polizei angerückt und hat sie von der Kasse weggetragen.

Kaum zurück im Regal, stürzten sich sofort vier Hände auf uns. Wieso wollen plötzlich alle mit uns kuscheln?

»Lassen sie los«, wetterte einer der beiden Männer, während er versuchte, uns dem anderen Typ zu entreißen.

»Ich habe es zuerst gegriffen«, konterte der zweite Kunde verbissen. »Nehmen sie sich ein anderes.«

»Ich brauche aber das Supersofte«, maulte der andere Mann. »Dieses ist das Letzte.«

»Dann nehmen sie halt Taschentücher!«
»Die verstopfen das Klo«, zischte sein Kontrahent genervt.
»Nicht mein Problem«, ächzte der Andere.
»Kaufen sie sich halt einen Pömpel.«
»Von ihnen lasse ich mir doch nicht vorschreiben, was ich zu kaufen habe«, dröhnte der Zweite wutentbrannt. Auf seiner Stirn glänzten Schweißperlen im Licht der Leuchtstoffröhren.
»Solange sie an meinem Einkauf hängen, sage ich ihnen, was ich will«, grollte der andere Typ.
»Mindestabstand!«, donnerte es durch den Gang. Eine vermummte Gestalt eilte auf die beiden Zankhähne zu und besprühte sie mit Desinfektionsmittel. Vor Schreck zerrten beide Männer noch ärger an unserem Paket. Die Plastikhülle weitete sich und riss. Wir flogen im hohen Bogen durch die Hygieneabteilung. Hektisch jagten die beiden Kunden hinter den anderen Rollen her. Doch mich entdeckte niemand. Zum Glück.

Nun verharre ich still hinter dem Weichspüler und warte auf den richtigen Kunden, dem ich mich vor die Füße plumpsen lassen kann. Woran ich den erkenne? Es sollte jemand sein, der sich nicht wie ein Irrer benimmt. Da kommen die ersten potenziellen Kandidaten.
»Nicht schon wieder ausverkauft«, nörgelt die beleibte Frau, während sie den Einkaufswagen schiebend den Gang entlang schlürft. »Was wollen alle mit Klopapier? Die sind sowas von unverschämt! Wir haben nur noch 3 XXL-Pakete zuhause.«
»Hatschi«, schallt es aus dem Einkaufswagen. Zwischen den eingeschweißten Fleischbergen hätte ich das pummelige Kind mit dem schweinchenrosafarbenen Gesicht kaum entdeckt. Wie auf ei-

nem Wimmelbild sitzt es zwischen Würsten, Steaks und Fertigschnitzeln.

»Corona«, ruft das maskierte Wesen, stürmt herbei und besprüht das Kind mit Desinfektionsmittel. »Corona!«

»Nix da Corona«, erwidert die Mutter pampig, »das ist Kai-Kevin. Und wir haben nix mit diesem Coronakram zu tun. So ekelige Sachen, wie diese Flattermänner, essen wir nicht. Das ist bäh.«

Mit einem *Bäääh* unterstreicht Kai-Kevin das Statement seiner Mutter und streckt der maskierten Gestalt die Zunge heraus, bevor er sein Lieblingswort durch den Gang brüllt. »Hunger!«

»Guckste«, schnattert die Kundin, »er hat einen guten Appetit. Der ist nicht krank. Aber wenn er nicht bald was zu mampfen bekommt, verhungert er.«

Während die Mutter sich selbst und Kai-Kevin im Fleischberg weiterschiebt, betritt auch schon der nächste Castingteilnehmer die Showbühne alias den Gang der Putzmittel- und Hygieneabteilung. Ist schon Karneval? Der Typ trägt tatsächlich einen mit Alufolie ummantelten Helm und eine Kette mit einem Alubommel. Von einer Maske fehlt jede Spur.

»Maskenpflicht!«, donnert die vermummte Person und eilt mit der Wunderwaffe Desinfektionsmittel herbei.

»Fake News«, blökt der Aluhelm-Mann und tritt dem Maskierten provozierend entgegen. »Alles Fake News!«

»Mindestabstand!«, kreischt die vermummte Gestalt panisch mit den behandschuhten Armen weit von sich gestreckt.

»Fake News! Ich hoffe, dass ihr alle mal aufwacht und seht, wie fremdgesteuert ihr seid. Masken und

Desinfektionsmittel bringen doch nichts«, führt der Aluhelm seine Thesen weiter aus. »Und gegen einen imaginären Virus schon mal gar nicht.« *Aber ein bisschen Alufolie bringts?*, frage ich mich.

»Oder kennste jemand, der infiziert ist?«, ruft der Alumann, ehe er um die Ecke verschwindet.

»Siehste!«

»Was ist denn hier los?«, fragt ein Securitymitarbeiter, der dem Lärm auf den Grund geht.

»Maskenpflicht!«, protestiert die Ganzkörpermaskierung und deutet mit zappeligen Handbewegungen zu einem Rentnerpaar.

Der Wachmann wendet sich an die beiden. »Darf ich sie daran erinnern, dass sie hier im Markt Mund und Nase bedecken müssen?«

»Aber wir sind doch gar nicht krank«, echauffiert sich der Senior.

»Und selbst wenn wir es bekommen sollten«, mischt sich seine Frau ein. »Wir haben unser Leben gelebt.«

Der Securitymann bleibt ruhig. »Mit der Maske schützen sie ihre Mitmenschen.«

»Wir sind aber gesund«, mault der Rentner.

»Und reinliche Menschen«, beteuert die Seniorin und greift demonstrativ Kernseife vom Regal.

»Das zweifelt niemand an«, entgegnet der Securitymitarbeiter beschwichtigend. »Haben sie Taschentücher dabei?«

»Ja…«, antworten sie zögernd.

»Dann bedecken sie mit dem Tuch bitte Mund und Nase.«

»So was haben wir noch nie mitgemacht«, ärgert sich die Seniorin. »Noch nicht mal im Krieg.«

Langsam schwindet die Hoffnung, noch jemanden zu treffen, von dem ich gerne gefunden werden würde. Doch dann sehe ich ihn, wie er lässig den Gang herunterschlendert. Trotz seiner Maske kann ich erkennen, dass er seine Mitmenschen genauso schmunzelnd beobachtet wie ich. Feine Lachfalten kringeln sich um seine Augen. Der Moment ist gekommen. Ich lasse mich fallen und rolle vom Regal direkt vor seine Füße. Seine weißen Sneaker strahlen mit meinen Blättern um die Wette.

»Nanu«, murmelt er perplex und bückt sich, um mich aufzuheben. Nachdenklich dreht er mich in den Händen, während er nach der Stelle sucht, wo ich platziert war.

»Hallo, kurze Frage«, ruft er einer Verkäuferin zu, die gerade mit einem Wagen Kartons vorbeikommt. Sie bleibt stehen und streicht sich mit der Ellenbeuge die Haare aus dem maskierten Gesicht. »Ich habe diese Rolle gefunden. Kann man die auch einzeln kaufen?«

»Das scheint die Letzte zu sein«, überlegt sie mit einem Blick zu den leeren Paletten. »Offene Hygieneartikel dürfen wir nicht verkaufen, aber sie können die Rolle gerne mitnehmen.«

»Danke«, antwortet er positiv überrascht. Und ich bin es auch. Nach all dem Irrsinn ist diese Freundlichkeit wie Balsam für mein weiches Seelchen. »Das ist wirklich nett.«

»Bitte«, erwidert sie sanft. Ich kann ihr Lächeln durch die Maske erahnen.

»Moment«, platzt es aus ihm heraus, als sie sich mit dem sperrigen Wagen wieder auf den Weg machen will. Er kramt aufgeregt in seiner Jackentasche, zieht einen Stift hervor, reißt eines meiner Blätter ab und kritzelt einige Ziffern darauf. Hektisch greift er den Besen von ihrem Wagen, legt das Blatt auf die Borsten und hält es ihr mit Mindestabstand hin. Dieser Kunde war die richtige Wahl. Auf meine Intuition ist halt Verlass. »Wenn dieser ganze Wahnsinn vorbei ist oder zumindest die Kontaktsperre aufgehoben wird, würde ich sie gerne auf einen Kaffee einladen. Rufen sie mich einfach an.«

»Gerne«, haucht sie schüchtern.

Was sind schon Kontaktanzeigen, Speed- und Onlinedating? In Coronazeiten ist der Supermarkt die Datingplattform und ich Amors Gehilfe. Wer weiß, für was meine anderen 149 Blätter noch verwendet werden – Gedichte, Liebesbriefe, romantische Songtexte? Hörst du mein Papprollenherz rascheln? Ich bin und bleibe halt ein echter Softie.

Michael Terragnolo

Frühlingsglanz

Ich kann das nicht mehr sehen. Seit zwanzig Minuten starre ich nun schon auf den Fernseher und verfolge die Nachrichten, aber es geht nicht mehr. Ich muss hier raus. „Chris, kannst du bitte ausmachen?"

Mein Pfleger drückt auf die Fernbedienung und das Bild erlischt. „Was hast du jetzt vor?", fragt er mich und legt die Fernbedienung auf den Tisch.

„Ich fahre spazieren", antworte ich und rolle zur Haustür.

Er öffnet die Tür. „Brauchst du dein Handy?"

„Nein, bloß nicht", sage ich knapp.

Es ist ein warmer Märztag und eine Brise weht durch meine Haare. Ich fahre auf der Asphaltstraße, die von Eichen und aneinandergereihten Einfamilienhäusern gesäumt wird. Der Himmel ist wolkenlos und der Geruch nach frischen Blumen steigt mir in die Nase. Meine Gedanken kreisen. Oh Mann! Ich habe so eine Angst vor dem Virus. Ich möchte nicht sterben. Die ganzen Informationen machen mich noch fertig. Hör auf damit, du Idiot, ermahne ich mich selbst. Es wird alles gut. Mein Rollstuhl rattert über den Asphalt. Sonst ist alles still. Es sind kaum Menschen unterwegs. Hin und wieder sehe ich Paare, die einen Spaziergang machen, oder einsame Jogger. Ich weiche gekonnt den möglichen Infizierten aus.

An der nächsten Einfahrt biege ich in den Weg ein, der durch den Park führt. Ich komme an einer Bank vorbei, auf der ein älterer Mann sitzt. Als er mich sieht, lächelt er. Ich halte, schaue ihn an und lächle zurück. Sein graues Haar glänzt im Sonnenlicht. Er wirkt zufrieden.

„Hey, junger Mann, was schaust du mich so an?"
Ich fahre näher zu ihm rüber. „Sie wirken so zufrieden."

„Warum auch nicht? Das Wetter ist herrlich und ich bin in der Natur. Was möchte man mehr?"

„Haben sie denn keine Angst vor dem Virus?", frage ich.

„Nenn mich einfach Karl. Das ‚Sie' klingt so, als wäre ich hundert Jahre alt. Und jetzt zu deiner Frage: Klar habe ich Angst zu erkranken, aber ich versuche, mich nicht verrückt zu machen. Wir dürfen nicht den Fehler begehen und aufhören zu leben. Aber natürlich sollte man aufpassen."

„Die Einschränkungen nerven mich. Ich möchte wieder ins Kino oder mit meinen Freunden in einen Club."

Karl zündet sich eine Zigarette an und nimmt einen tiefen Zug. „Wir müssen unsere Lebensgewohnheiten ein bisschen verändern. Trotz Einschränkungen haben wir noch genügend, was wir machen können. Zum Beispiel ein gutes Buch lesen oder einen Spaziergang unternehmen, die Natur genießen und sie bewusster wahrnehmen. Wir müssen wieder lernen, mit Kleinigkeiten zufrieden zu sein und diese mehr wertschätzen."

„Wie kann ich die Natur bewusster wahrnehmen?", frage ich.

Karl schmunzelt und sagt: „Du hast doch Augen im Kopf. Das sollte ausreichen. Schau und hör genauer hin."

„Ich heiße übrigens Michael. Ich kann dir leider nicht die Hand geben, da ich sie nicht hochheben kann."

„Soll man ja sowieso nicht. Mit dem Fuß geht auch", sagt Karl und berührt meinen Fuß mit seinem. Wir müssen beide lachen.
„Dann werde ich mal weiterfahren."
Er nickt mir zu. „Mach das, Michael. Genieße den Tag."

Wenig später rolle ich auf eine alte Holzbrücke und halte an. Ich schaue nach unten auf den Teich. Ok, schau genauer hin. Du kannst das. Ich scanne ein paar Sekunden die Umgebung, bis ich plötzlich etwas sehe. Drei grüne Frösche hüpfen am Ufer herum, als würde der Teich ihnen gehören. Sie wirken entspannt und nehmen mich nicht wahr. Ich lasse den Blick weiter schweifen. Zwei Enten sitzen auf einer Bank und fressen genüsslich die letzten Toaststücke. Die warme Frühlingssonne scheint mir ins Gesicht und ich schließe für einen Moment die Augen. Amseln trällern in der Nähe.

Ein paar Minuten später komme ich wieder an der Straße an. Auf einmal huscht ein Eichhörnchen herbei und bleibt auf halber Strecke sitzen, um eine Nuss zu verspeisen. Seelenruhig sitzt es da. Sein rotbraunes Fell glänzt.

Die Natur macht unbeeindruckt weiter. Sie überlässt uns Menschen unserem Schicksal.

Bianca Körner

Alles ist gut

Alles ist gut, sagen die Menschen.
Aber sie haben das nicht immer gesagt.
Sie sagen das erst seit neulich. Erst seit Kurzem.
Und jetzt, jetzt sagen sie es in jedem Gespräch,
nach jeder Diskussion, und nach jedem Streit.
Sie sagen es nach jeder Entschuldigung.
Sie sagen, alles ist gut.
Erst seit neulich. Erst seit Kurzem, erst seit sie
spüren, dass nicht alles gut ist,
vielleicht sogar weniger gut ist.
Die Menschen sagen, alles ist gut.
Sagen es, um sich selbst zu vergewissern.
Sagen es, um auch dich zu vergewissern.
Vielleicht wollen sie trösten. Vielleicht hoffen
sie wirklich,
dass alles gut ist
oder, dass alles gut wird
oder zumindest, dass alles noch gut werden
könnte.

Hausgeister

Jede Liebesgeschichte ist eine Geistergeschichte,
steht auf dem Buchrücken, als Jakob die Augen
öffnet. Über ihm, an der Wand, an der sein Feldbett lehnt, Elisabeths Bücher, von denen er kein
einziges gelesen hat. Er starrt auf den Wasserfleck
an der Decke, neben dem Regal, der je nach Licht-
einfall den Grauton wechselt. Obwohl es ihr ge-
meinsames Haus ist, fühlt er sich nach zehn Tagen
noch immer fremd in ihrem Büro. Auch wenn er
langsam beginnt die Kleinigkeiten wahrzunehmen,
die ein Besucher übersieht. Die Kratzspuren der
Katze am Parkett, den Fleck an der Decke und die
Randleisten, von denen sich die Holzbeschichtung
wellt.

Er schließt die Augen und hört Elisabeths Schritte
auf der Treppe. Neun Stufen sind es und auf der
achten hält sie an. Zweimal klopft sie gegen das
Parkett, stellt Teller und Tasse ab, macht kehrt und
jeder Schritt klingt leiser als der vorherige. Jakob
schaut auf das aufleuchtende Display seines
Smartphones. Breakfast Time und daneben ein
Herz. In der Früh steckt alles noch fest, sodass
jede Bewegung, jedes Geräusch, zurückhaltender
und vorsichtiger gerät. Beinahe so als müsse man
Rücksicht nehmen auf den noch halb in der
Nacht steckenden Tag.

Jakob beugt sich aus dem Bett, knackt mit seinem
Genick und zieht eine Zigarette aus der Schachtel.
Er klemmt sie zwischen die Lippen, schlägt die
Decke zurück und steht auf. Barfüßig schleicht er

auf den Gang. Bei jedem Schritt kleben die Sohlen kurz am Parkett. Vor der Treppe, der unsichtbar gezogenen Grenze, bückt er sich zum Geschirr und stellt die Tasse voll brühendem Kaffee auf den Teller mit den Marmeladebroten. Er ruft ein Danke den leeren Gang hinunter, das unbeantwortet verhallt und balanciert zurück in das Büro. Dort stellt er alles auf den letzten freien Fleck neben dem Bett. Ein wenig Kaffee schwappt über die Tasse, sodass er die Brote an den Tellerrand schiebt. Dann öffnet er das Fenster, zündet noch im Zimmer die Zigarette an, bevor er seinen Kopf nach draußen schiebt und Rauchschwaden in den kühlen Morgen haucht. Einen Stock tiefer wehen sie durch das gekippte Küchenfenster. Es riecht nach verbranntem Papier, Tabak und belegter Zunge.

Gestern, bevor Elisabeth schlafen gegangen ist, hat er ihr eine Sprachnachricht geschickt. Erzähl mir von deinem Tag, ich möchte deine Stimme hören, hat er gemurmelt und seinen eigenen Klang als seltsam empfunden. Noch vier Tage, hat sie geantwortet. Vier endlose, symptomlose Tage. Nach dem Ergebnis waren die Anweisungen klar. Kein Kontakt. Mit niemandem. Also hat er sich im ersten Stock eingerichtet, Bad und Büro besetzt und ihr das Schlafzimmer gelassen.

Einmal am Tag rufen sie Jakob an und fragen, ob er zuhause ist. Dann stellt er sich ans Fenster und wartet, bis die Polizisten in der Einfahrt stehen. Er winkt ihnen zu und sie nicken zurück. Beim letzten Mal hat er gegen die Scheibe gehaucht und mit dem Finger ein Herz hinein gezogen. Als sie gefahren sind, hat er gegen das Glas geklopft und seinen eigenen Herzschlag imitiert.

Auf der anderen Straßenseite queren Vögel mit zitternden Flügeln die Gartenquadrate. Darüber steht ein wolkenloser Himmel. Seit ein paar Tagen wird es früher hell. Das Wetter ist unpassend schön für Anfang März. Von der Straße ruft ihm der Nachbar ein „Guten Morgen" zu und eilt vorbei, als könne er sich nicht entscheiden, ob er gehen oder rennen soll. Seine Umhängetasche schlägt ihm gegen die Hüfte. Den Zug wird er wahrscheinlich trotzdem verpassen. Sie haben den Nachbarn nichts erzählt, aber Jakob ist sich sicher, dass es trotzdem alle wissen. Noch gleicht jeder positive Fall einer Sensation. Wenn man den Nachrichten glauben darf, wird es bald mehr Sensationen geben.

Er schließt das Fenster, setzt sich mit Brot und Kaffee an den Schreibtisch und klappt den Laptop auf. Abwechselnd öffnet er eine Mail und beißt in sein Brot. Bis er irgendwann nicht mehr tippen kann, weil seine Finger von der Marmelade verklebt sind. Am Nachmittag ist Videokonferenz, aber noch immer hat das Personalmanagement nicht Bescheid gegeben, ob er nun krank gemeldet gehört oder nicht. Seit Tagen verharren die internen Abteilungen in einer Starre, als ließen sich Fehler durch Nichtstun verhindern.

Gegen Mittag hört Jakob Musik. Sie kommt von unten und klopft durch die Decke gegen seine Füße. Er steht auf, kippt das Fenster und lauscht. Schlagzeug, Trompete und eine Frauenstimme. Die Musik wird lauter und seine Füße folgen dem

Klopfen, bis aus seinem Trampeln allmählich ein Tanzen wird. Er stellt sich vor, wie Elisabeth einen Stock tiefer dasselbe tut und ihre Schritte sich zu einem vertikalen Tanz verbinden, während Jakob mit jedem Schritt ein wenig Verputz von der Decke auf Elisabeths Kopf und Schultern rieseln lässt.

Im Bad füllt er sein von Abdrücken vergilbtes Glas mit frischem Wasser. Er holt sein Mittagessen am Treppenabsatz und setzt sich zurück ins Büro. Im Schneidersitz dreht er bei offenem Fenster Nudeln auf die Gabel. Ein Wagen hält an, der Motor läuft im Leerlauf und Absätze klackern über die gepflasterte Einfahrt. Er stellt kauend den Teller zur Seite, müht sich zum Fenster und schaut zu seiner Tochter hinunter, die ihnen drei Einkaufstaschen vor die Haustüre stellt. Als sie zu Jakob hoch sieht, grinst sie besorgt. Und? Was macht das Virus? Er zuckt mit den Schultern und nimmt den Daumen hoch. Ach Papa, komm schon, hat es dir jetzt die Sprache verschlagen?

Aerosole, haben sie ihm erklärt, Partikel, die wie Kanonenkugeln fliegen und das Virus durch die Luft tragen wie einen Münchhausen. Egal ob es stimmt oder nicht. Jakob hält lieber den Mund. Am Abend Face-Time ja? ruft sie noch, bevor sie in den Wagen springt, die Tür zuschlägt und viel zu schnell rückwärts aus der Einfahrt fährt.

Die restlichen Nudeln kippt Jakob ins Klo. Im Bad putzt er sich die Zähne und versucht den Schweißgeruch unter den Achseln mit kaltem Wasser zu vertreiben. Er weiß nicht, wann er sich das letzte Mal ohne Augenringe im Spiegel ange-

schaut hat. Einsam ist es, zu zweit in diesem Haus.
In getrennten Kammern drehen Elisabeth und er
ihre Runden, vermeiden jeden Kontakt. Einfach
ist es nicht. Aber nur so funktioniert es.

Er schwänzt die Videokonferenz und telefoniert
eine Stunde mit einem Kunden, der ihm erklärt,
wie verrückt die Welt doch sei. Von einem Tag
auf den anderen. Jetzt sei der geeignete Zeitpunkt,
um über Elektrifizierung zu diskutieren. Über die
geeignete Infrastruktur. Kommende Projekte.
Aber auf nichts sei mehr Verlass und schon gar
nicht auf die Menschen. Danach lacht der Mann
lang und leise.

Als Jakob Elisabeth die Treppe hinaufkommen
hört, springt er auf und drückt das halbe Gesicht
an die Bürotür und sein Ohr so fest dagegen, bis
er glaubt ihren Atem zu hören, als sie den Gang
entlang ins Schlafzimmer geht und dabei mit den
Fingernägeln gegen den Türrahmen klimpert.

Am Abend liegt er auf dem Feldbett. Er glaubt
den Fernseher zu hören, aber sicher ist er sich
nicht. Ich komme mir vor, sagt er und drückt den
Aufnahmeknopf am Smartphone, ich komme mir
vor wie ein König im Exil, den bei jedem gespro-
chenen Wort die Angst umtreibt, die Seele könnte
den Ausgang aus dem Körper finden. Er wartet
kurz und drückt dann auf Senden. Du bist nicht
allein, antwortet Elisabeth, nicht in diesem Haus
und nicht in diesem Dorf. Sie schickt ihm ein
Herz und dann einen Link zu einem Artikel des
Bezirksblattes, in dem von zwei aktiven Fällen in
ihrem Dorf die Rede ist.
Weißt du wer der Zweite ist?

Nein, ist das denn wichtig? antwortet sie.

Eigentlich nicht. Ich glaube sogar, es ist mir lieber so.

Elisabeth schickt ein Fragezeichen. Jakob überlegt und schreibt: Jede Liebesgeschichte ist eine Geistergeschichte.

Christine Mayr

Und die Seele

„Gehen Sie spazieren, im Wald", haben die Ärzte zu mir gesagt. Damals, als mich der schwarze Vogel niedergerungen hatte.

Wald und Bewegung, Bewegung im Wald – die erste und für lange Zeit einzige Medizin bei Blei auf der Seele und Schwärze im Kopf.

Ich bin gegangen. Jeden Tag. Weich der Boden unter meinen Sohlen, grün die Nadeln der Fichten, hell die Sonnenflecken zwischen den Zweigen. Vogelgezwitscher und Gekrähe, Stille dazwischen beruhigend. Rau und freundlich die Rinde meines Lieblingsbaums an meiner tränennassen Wange.

Grün beruhigt die Nerven, sagte man mir. Sonnenlicht ist Vitamin. Ohne Sonne kein Glückshormon, ohne Glückshormon kein freundliches Gefühl. Bewegung bringt die Gedanken in Schwung, Wald heilt die geknickte Seele.

Und jetzt darf ich nicht mehr. Mein Wald außerhalb der Stadtgrenze. Es ist verboten, die Stadt zu verlassen. Wage es nicht, sagt man mir. Fahr bloß nicht hinaus und hinauf. In einer Zeit wie dieser. Bleib zu Hause.

Bleib in der Stadt, sage ich mir. Füße vertreten, einmal um den Häuserblock, das darfst du. Das muss eben reichen. Der Park nur zehn Schritte entfernt. Dort lockt ein bisschen Grün, dort locken ein paar Schritte Weichheit unter den Füßen. Dort blinzelt das Gelb der Forsythien, heller als die Sonne, fröhlich geradezu.

Ich stehe am Eingang zum Park. Gezwitscher und Gegurre. „Komm", singen die Vögel, „wir haben ein Lied gegen deine Traurigkeit". „Komm", flüstert der Fluss, „ich wasche deine Tränen weg". „Komm", murmeln die Magnolien, „wir wiegen dich in unseren Blüten".

Signalrot eine Tafel. „Betreten und Befahren verboten". Rot-weiße Bänder fesseln die Schaukel hinten beim Brunnen, rot-weiße Bänder knebeln das Kletterhaus, das die Kleinen an heiteren Tagen so lieben. Leer gähnt die Sandkiste.

Aus offenen Fenstern schreien Kinder, streiten Eltern. Die Stille dazwischen bleiern. Die Tränen sind nicht mehr aufzuhalten.

Anna Kügler-Stietenroth

17. März 2020 – Deutschland steht still

Es ist zwanzig vor Sechs an einem Dienstagmorgen und das Krankenhaus liegt wie ausgestorben da. Ich gehe an der notdürftig errichteten Schranke vorbei, betrete das Gebäude, meine Umkleide ist fast leer. Zehn Minuten zum Umziehen, dann mache ich mich auf den Weg. Über lange, leere Flure, in denen die Deckenbeleuchtung eigens für mich flackernd zum Leben erwacht, um nach mir wieder zu erlöschen. Geschlossene Bürotüren, die sich den ganzen Tag über nicht öffnen werden, ein dunkler Kiosk, ein gesperrter Andachtsraum. Wer kann, bleibt zuhause. Es ist beklemmend, fast so, als wäre ich der einzige Mensch auf der Welt. Die letzte Krankenschwester, die zu ihrem Dienst geht, duldsam und pflichtbewusst.

An den Fahrstühlen hängen grellgelbe Informationstafeln, maximal zwei Personen sind pro Aufzug gestattet. Seit Tagen dürfen keine Besucher mehr herkommen. Mütter bringen ihre Babys zur Welt, ohne einen Partner, der ihre Hand hält. Eltern bangen um ihre Kinder, nur einer von beiden darf zu den kleinen Patienten. Alte und Kranke haben keine Gelegenheit mehr, sich von ihrer Familie zu verabschieden, sie sterben alleine oder im Beisein von maximal einer weiteren Person. Es ist nicht schön, aber so sind die neuen Richtlinien.

Das Virus hat uns fest im Griff.

Es wird nicht für immer sein.

Die Station, auf der ich arbeite, ist zur Hälfte geschlossen. Wir müssen Zimmer und Betten freihalten, um notfalls Infizierte aufnehmen zu können. Alle Eingriffe, die nicht lebensnotwendig sind, wurden längst abgesagt. Wer kann, geht nach Hause und bleibt dort. Überall hängen Schilder, weisen darauf hin, dass man mit Fieber und Erkältungssymptomen das Haus nicht unangemeldet betreten darf.

Meine Patienten sind einsam und verunsichert. Eine junge Frau hat Fieber, wir wissen noch nicht warum, hat sie das Virus oder nur einen harmlosen Infekt? Sie hat Angst, wir sind hilflos, müssen auf das Testergebnis warten und hoffen.

Die Ärzte sehen müde und abgekämpft aus, genau wie wir Pflegekräfte, wie die Reinigungskräfte und alle anderen, die dem Virus zum Trotz jeden Tag herkommen. Überall Personalausfälle, Kollegen in Quarantäne, wir sind schon in guten Zeiten viel zu wenige. Stündlich gibt es neue Verfahrensanweisungen, wir behalten kaum den Überblick. Urlaub wird gestrichen, das macht nichts, sagt eine Kollegin, man darf ja ohnehin nicht mehr wegfahren, da kann man auch arbeiten gehen. Irgendwer muss ja.

Das Virus hat uns fest im Griff.

Es wird nicht für immer sein.

Unser Radio haben wir längst ausgeschaltet. Da wird zu viel Panik verbreitet, wir haben keine Kraft mehr, uns das anzuhören. Keine Kraft für neue Gerüchte, für wilde Vermutungen und wissenschaftlich nicht fundierte Aussagen. Es gibt schon genug Angst überall.

Wir mussten unsere Vorräte an Desinfektionsmitteln, Atemmasken und Schutzkitteln wegschließen, weil sonst alles geklaut wird. Die Leute fürchten sich, und statt einander zu helfen, schaden sie anderen ohne Rücksicht auf Verluste. Draußen sind die Supermärkte leergekauft. Ich hätte nie gedacht, dass ich mal in Zeiten leben würde, in denen man froh sein muss, genug Essen im Haus zu haben. Wie viel man doch als selbstverständlich hingenommen hat!

Das Ergebnis der Patientin mit Fieber kommt an, sie ist nicht infiziert. Wir sind erleichtert, ein kleiner Triumph. Schon wieder gibt es neue Anweisungen, die Eingangstüren der Station öffnen sich nur noch auf Knopfdruck statt wie sonst automatisch.

Mein Dienst endet, ich gehe durch leere Flure zurück zur Umkleide, ziehe mich um. Der Parkplatz vor dem Krankenhaus ist gespenstisch leer, wo man sonst vor lauter Autos kaum den Asphalt sehen kann. Ich bin zu Fuß hier. Leere Straßen auf dem Heimweg, wer kann, bleibt zuhause. Restaurants, Kinos, Schwimmbäder, alles musste schließen. Es gibt kein öffentliches Leben mehr, Kultur und Vergnügen sind bis auf Weiteres abgesagt.

Das Virus hat uns fest im Griff.

Es wird nicht für immer sein. Jede Pandemie hat ein Ende, auch diese hier. Wir müssen nur durchhalten. Wir müssen zueinander stehen, uns unterstützen und aufeinander Acht geben. Wir müssen nur lange genug weitermachen, und am Ende wird alles gut werden.

Vielleicht dauert es noch ein paar Wochen, vielleicht Monate. Doch irgendwann wird die Normalität zurückkehren, wir werden wieder nach draußen gehen und ein gewöhnliches Leben führen können. Alles wird gut, irgendwann.

Wir müssen nur durchhalten.

ChristiAna Pucher

lockdown 2020

und wieda
san s d weibaleid
de oawatn
im spital
im supamoakt
dahoam aum computa
mit de gschroppm
und wieda
kriagn s
koan hechan lohn
net mehr freie tog
soin froh sci
dass a oawat hobm
in da krisn
s wiad ee olle tog
klatscht
dabei
hobms no a glick
dass fias geklatschte
koa steuer
zahln brauchn

Corona 1

Im Nachhinein ist das Ganze vielleicht gar nicht so schlimm, vielleicht aber auch schon. Ich weiß es noch nicht und auch sonst weiß es keiner. Das mag alles verwirrend klingen, deshalb möchte ich nun den zeitlichen Rahmen festlegen. Es ist der 26.03.2020 – dieser Tag ist genauso wie der Tag davor und der Tag davor, denn momentan herrscht eine absolute Ausnahmesituation – „Corona-Quarantäne". Witze und Wortspiele, die das Virus mit der Biermarke in Verbindung bringen, spare ich mir an dieser Stelle. Denn einerseits weiß ich nicht, ob dieser Text danach noch als zeitlos gilt, andererseits überflutet Humor dieser Art derzeit nicht nur die sozialen Netzwerke, sondern sogar den Familiengruppenchat.

Wenn Memes nun, anstatt der üblichen 2-3 Jahre, den Weg von Twitter in die Gruppe „Werners 60er", plötzlich in 2-3 Stunden finden, dann weiß man: Die Apokalypse ist nahe. Es ist das erste Anzeichen dafür, dass die Welt zusammenstürzt, wenn alle nur zuhause sitzen. Dabei wird jeder Couchpotato derzeit als Held gefeiert, weil er erfolgreich die Verbreitung des Virus verhindert. Während unsere Urgroßeltern, Omas und Opas im Weltkrieg kämpften, sich Kugeln einfingen, Freunde und Wegbegleiter in Schützengräben verloren und die Frauen zuhause ihr einziges Hab und Gut, den Hochzeitsring, für Munition einschmelzen mussten, so schützen wir die Erde gleichermaßen vor Unheil, indem wir abwechselnd auf Instagram, Facebook und Reddit browsen.

Unterbrechungen gibt es nur, wenn mal wieder die Schüssel mit Chips leer ist oder das Handy aufgeladen werden muss. Die drei Schritte vom Bett zur Steckdose fühlen sich da wie ein Marathon an, an ein Zurückkehren ohne kurze Verschnaufpause am Schreibtischstuhl ist gar nicht zu denken. Der wöchentliche Duschgang ist dabei für manche eine noch größere Challenge als die uns bevorstehende Wirtschaftskrise.

Wir Schüler dürfen neben all dem netten Zeitvertreib aber auch noch Online-Klassen besuchen. Unser modernes Österreich kann das nämlich. Das sieht man vor allem daran, wenn Lehrer Zettel einscannen, diese dann höchst fortschrittlich den Schülern mailen, welche jene dann ausdrucken, ausfüllen, erneut einscannen und ebenso fortschrittlich zurückmailen müssen. Die Ausarbeitung des Schülers wird erneut ausgedruckt, verbessert und wieder eingescannt. Das schwarze Stück Papier, das man am Ende zurückbekommt, zeugt von der gewaltigen Medienkompetenz einiger Akademiker. Die wenigen Lehrkräfte, die überhaupt von der Online-Verbesserungs-Funktion wissen, nutzen diesen Dienst, wenn überhaupt, nur selten und wenn doch, dann mit größter Vorsicht und Besorgnis. Schließlich gibt's im „Internetz", wie hippe Lehrer, die auch „zum Bleistift" sagen, das World Wide Web bezeichnen, ja auch Viren. Das Letzte was man da also will, ist über den Bildschirm an Covid-19 zu erkranken. Die von der Regierung in Aussicht gestellten Skype-Konferenzen sind demnach in dieselbe Kategorie einzuordnen wie Einhörner, Kobolde und Englisch-Listenings mit einem Erzähler ohne Sprachbehinderung: schlichtweg undenkbar.

Dabei muss man aber sagen, dass die Regierung (unter unserem Jungkanzler Sebastian Kurz) relativ gute Arbeit leistet. Obwohl man eigentlich bundesweit davon ausging, dass das Virus, wie sonst auch alles, das Land der Berge, Land am Strome erst in 10 Jahren erreicht, so kam der Aufruf zur Selbstisolation doch recht schnell. Standardgemäß darf das Haus aber fürs Pendeln oder lebensnotwendige Besorgungen verlassen werden, zum Beispiel wenn das Bier am Online-Stammtisch ausgegangen ist. Da drückt die Polizei schon mal ein Auge zu, denn auch in Krisenzeiten muss die österreichische Kultur beibehalten werden.

Natürlich ist aber auch erlaubt für einen kurzen Spaziergang die eigenen vier Wände zu verlassen. Wenn man so durchs Dorf schlendert, dann begegnet man nicht nur vor der Türe ausgesetzten Kindern, weil Zusammenkünfte, die fünf Personen überschreiten, verboten wurden, sondern auch traurigen Gestalten, denen das Homeoffice stark zusetzt. Immobilienmakler versteigern nun ihr eigenes Haus, Piloten fliegen und landen Maschinen mit dem Xbox-Controller, Bauern spielen Landwirtschaftssimulator und Fußballstars sind auf Fifa angewiesen. Nur für Youtuber und Influencer ändert sich nichts, denn die haben auch vor der Krise nicht gearbeitet. Wer jetzt aber besonders profitiert sind Mütter, die sich zu 100% auf ihre Kinder konzentrieren können. Es gibt nämlich nichts Schöneres als 24 Stunden am Tag mit den kleinen Quälgeistern zu basteln, zu kochen und ihnen vorzugaukeln noch nicht genug zu haben.

Das Gute an der ganzen Sache ist, dass Supermärkte so trendy und angesagt wie noch nie zuvor sind. Aufgrund der Zwangsschließung aller Kinos, Theater, Bowlingcenter, Restaurants und Cafés erleben wir momentan nämlich eine Blütezeit dieses Gewerbes. Spar, Merkur, Billa und Co. bilden zurzeit das unangefochtene Monopol der Nation was die Freizeitgestaltung betrifft. Der einzige Ort, an dem es strafrechtlich akzeptiert wird, andere Leute zu treffen, ist bekanntlich der Supermarkt – natürlich mit 1.5 m Sicherheitsabstand. Zu keinem Zeitpunkt der menschlichen Geschichte wurde Einkaufen und das Treffen von Freunden und Verwandten derart vereint. Kein Wunder, dass Vollzeitshopper der aufstrebende Zweig in der Jobbranche schlechthin ist.

Wahrscheinlich ist es nur mehr eine Frage der Zeit bis Kunden wild in den Gängen der heimischen Discounter herumwirbeln und den Walzer performen, weil sie es nicht mehr länger abwarten können, endlich wieder gemeinsam die Tanzschule zu besuchen. Das alles könnte aber nur der Anfang sein, denn wer weiß was dieser merkwürdige Abschnitt unser aller Leben noch so mit sich bringen wird.

Stefan Reiser

28. März 2020

Mein zunächst nur für wenige Tage geplantes Intermezzo im ländlichen Idyll ist zu einem dreiwöchigen Aufenthalt geworden, aufgrund der dramatischen Entwicklung – das Virus breitet sich längst auch in Österreich aus – war es ein Gebot der Stunde, meine Eltern, die zur „Risikogruppe" der über 65-Jährigen gehören, in dieser Situation nicht allein zu lassen. Als braver Sohn und ehrfürchtiger Staatsbürger erledigte ich also die Einkäufe, wie von der Bundesregierung tagtäglich über sämtliche Kanäle eingemahnt. Die neuen Bodenmarkierungen im Supermarkt halte ich aber für überflüssig. Für uns im Innviertel ist das Abstandhalten keine Umstellung, nichts, was wir erst lernen müssten. In unserem Weiler zum Beispiel, wo es immer schon, seit der ersten Besiedlung durch die Bajuwaren, was sage ich, seit den Kelten üblich ist, einen Sicherheitsabstand von mindestens zehn bis zwanzig Metern einzuhalten – begegnet man den Nachbarn, halten sie entweder Sensen oder anderes spitzes Werkzeug in Händen, oder sie hocken auf riesigen landwirtschaftlichen Nutzfahrzeugen, Hochsitzen oder Obstbäumen; bei den übrigen Gelegenheiten vereiteln, feuchte Aussprache hin oder her, Barrieren wie Böschungen, Bäche oder Thujen jede Aufdringlichkeit; ein Repertoire an Handzeichen kommt ohnehin bevorzugt zum Einsatz und macht Worte überflüssig, auf dem Felde wie am Jausentisch – ja, hierzulande haben Isolation und Abstand Tradition, dazu brauchen wir kein COVID-19.

Gestern Abend die Fahrt zurück in die Großstadt, zunächst im Regionalzug. Am Vierersitz neben mir der erste Maskierte mit Gummihandschuhen und außer uns beiden niemand zu sehen. Ich wusste sofort, dass mir eine lange Fahrt bevorstehen würde. Wegen der „Keime und Viren verbreitenden Klimaanlage" – da musste ich ihm allerdings recht geben, zumal eine jüngst veröffentlichte Studie darauf schließen lässt – nahm er eine Kombizange aus seinem Rucksack und öffnete damit alle (!) Kippfenster des Waggons. Die waren nämlich zugeschraubt, zugunsten der Klimaanlage versteht sich. „Frischluft!" Er schob die Maske unters Kinn und atmete auf. „Kalt, aber auch ein gutes Gefühl, wie auf dem Schiff, wie zu Hause an der Nordsee", war ihm die Situation Anlass genug, mir seine Lebensgeschichte zu erzählen. Zum Glück hatte ich Schal und Haube in der Reisetasche. Am Wiener Hauptbahnhof und in den Straßen dann Endzeitstimmung, Science-Fiction: Wüstenplanet und George Orwell zugleich – wegen der Polizeipräsenz und der Ordner im Supermarkt; die Begründung für meinen Ausgang hatte ich immer auf der Zunge, den Meldezettel im Halfter. Heute Nachmittag im Stadtpark und am Karlsplatz, bei 17 Grad und Sonnenschein, ein gänzlich anderes Bild: Kinder auf Rollern, Erwachsene auf Skateboards – und der übliche Cannabis-Geruch, laissez faire der Ordnungshüter. Die Welt wird nicht mehr so sein, wie sie war, dachte ich noch vor ein paar Tagen, aber Wien bleibt Wien, so viel ist sicher.

Ulrich Borchers

Nacht und Nebel

Es hatte uns, wie auch alle anderen, unvorbereitet getroffen. Unsere Eltern kannten sich mit so etwas noch aus: Notsituationen, bei denen Organisationsgeschick und das Setzen von Prioritäten die wichtigsten Eigenschaften wurden. Wir dagegen sind Kinder des Überflusses. Verzicht kennen wir notgedrungen in der Nachweihnachtszeit und dann auch nur, um ein paar Wohlstandskilos loszuwerden. Die räumlichen Einschränkungen und der aufgezwungene Verzicht unseres Konsums durch die Corona-Pandemie trafen uns daher hart. Auch wenn unsere Stadt keine Weltmetropole ist, so stellt sie hier im hohen Norden doch ein wirtschaftliches und kulturelles Zentrum dar. Als Flensburger waren wir es gewohnt, uns aus einem umfangreichen Angebot an Veranstaltungen zu bedienen und uns stets das zu kaufen, was wir gerade brauchten. Vorratshaltung war für uns ein Fremdwort.

Aber wir sind ja flexibel und so machten wir uns maskengeschützt nur noch einmal in der Woche zu einem Großeinkauf auf den Weg und verbrachten die meiste Zeit vor unserem Heimkino. Wir richteten uns notgedrungen zunächst mal ein.

Von unserem letzten Einkauf kamen wir allerdings etwas angespannt nach Hause. Auf dem Heimweg beruhigten wir uns dahingehend, dass wir uns am Wochenende auf dem Weg nach Eiderstedt machen würden. Eine Refugium an der Westküste, ebenso klein wie überschaubar. Dort wäre die Welt bestimmt noch in Ordnung und unsere kleine Zweitwohnung in Vollerwiek ist so winzig, da hätte nicht mal das Corona-Virus Platz. Am Deich würde der Wind alle Krankheitserreger davon pusten und Abstand halten wäre dort kein Problem. Auch unsere anderen Probleme würden sich bestimmt in Luft auflösen, denn die Einkaufsmöglichkeiten in dem nächsten etwas größeren Ort Garding wären ja mehr als ausreichend. Als die beste Partnerin von allen mir daher die neueste Internet-Nachricht vorlas, war ich echt geschockt: Einreiseverbot auf Eiderstedt, auch für Zweitwohnungsbesitzer. Zugegebenermaßen schauten wir uns etwas panisch an. „Und jetzt?", fragte meine Partnerin beunruhigt.

„Ich lasse mir etwas einfallen", sagte ich.

In der Nacht machten wir uns auf den Weg. Das Auto war krisenbedingt auch schon länger nicht mehr in der Waschstraße und daher entsprechend getarnt. Aus schwarzen Klebestreifen hatte ich mir zweimal „NF" zurechtgeschnitten, offensichtlich wurden beim Grenzübertritt nach Nordfriesland die Kennzeichen kritisch beäugt. Wir kamen in der wolkenverhangenen Nacht nahezu unbehelligt bis ans Ende in Welt, ein kleiner Ort, der bekanntermaßen kurz vor Vollerwiek liegt.

„Hat der Mann mit dem Hund gerade unser Kennzeichen näher angesehen?", fragte die beste Partnerin von allen.

„Ich glaube nicht, ich habe schon vor einigen Kilometern beim Überqueren der Gemeindegrenze bei Haselund „NF" drüber geklebt."

Wir rollten ohne Licht und im Leerlauf auf den Hof des Mehrfamilienhauses. Ich wartete abfahrbereit im Wagen. Meine Partnerin hatte sich dunkle Gesichtstönung aufgelegt und huschte ins Haus. Sie wusste immer am besten, wo alles in der Wohnung lag. Kurze Zeit später erschien sie mit triumphierendem Lächeln wieder in der Tür. Sie packte die Tasche auf den Rücksitz und ich startete den Motor, denn im Haus ging das Licht an. Wir wurden nicht aufgehalten, kurz darauf waren wir wieder unterwegs zurück nach Flensburg.

„Schade", sagte ich, „ich wäre gern dort geblieben. Aber leider geht es ja nicht. Viel wichtiger ist: War es dort wie vermutet?"

„Ja!", sagte die beste Partnerin von allen. „Zehn Rollen extra weich, vierlagig."

„Gott sei Dank!", antwortete ich.

Viola Höfler

Coronakoller

Stand die Zeit still? Tag für Tag strich Annette
Termine, ohne dass etwas stattgefunden hätte.
Das Jahr war Anfang März steckengeblieben. Bei
den Menschen ging nichts weiter. Die Gräser,
Blätter und Blüten aber drängten ins Freie und
Annette fragte sich, warum sie nicht umkehrten.
Da war doch der unsichtbare Feind und es gab
auf der Welt kein sicheres Fleckchen mehr vor
ihm. Die Natur aber tat wie immer. Sprach- und
geräuschlos vereinnahmte der Feind den Globus.

Eindämmung war nur möglich durch Kontaktsperre. Das hieß, Aktivitäten herunterfahren, fast
alle. Weltweit. Anfangs hatte man geglaubt, es
würde nach ein paar Wochen vorbei sein. Annette
hatte sogar innerlich aufgeatmet. Keine Termine,
kein Stress, kein Fertigwerden-Müssen. Geschenk-
te Ferien. Nicht mehr das Gefühl, etwas zu versäumen. Sie hatte sich oft den Rückzug auf eine
einsame Insel gewünscht. Die Insel war jetzt zuhause. Sie folgte dem Weg der Wolken, beobachtete das Werden des Frühlings, es half nicht. Innerlich blieb sie ausgetrocknet wie dieser April.

Schlimm wurde es, als sich das erwartete Ende
nicht einstellte. Der Rückzug wurde zum Gefäng-
nis. Für Annette gingen die Wände nicht mehr
weg. Sie machten ihr die Brust eng. Sie fühlte sich
seit langem nicht besonders verbunden mit den
Menschen. Jetzt aber wurden sie unerreichbar. Sie
konnte nur bis zur Gartentüre gehen. Weiter kam
sie nicht. Leute mit verhüllten Nasen und Mün-

dern huschten vorbei und hatten Ähnlichkeit mit Leuten, die sie einmal gekannt hatte. Sie versuchte, aus der Türe zu treten, aber etwas blockierte sie. Annettes Antriebe verringerten sich immer mehr. Sie saß die meiste Zeit in ihrem Sessel und tat, was sie schon immer bei Langeweile getan hatte: Sie stopfte Süßes in sich hinein. Zugleich zog sie ihre alten Tagebücher aus der Schublade, kaute auf alten Gedanken herum und rührte alte Ideen zusammen.

Allein seit der Scheidung, Beziehungen abgebrochen, kinderlos und lustlos in einer schäbigen Parterrewohnung. Kann man mit vierzig überhaupt noch neu beginnen? Sie saß und horchte auf die Geräusche. Zuerst nur das gleichförmige Rauschen des Tinnitus, das brausende Geschwätz ihrer nicht abbrechenden Gedanken, übertönt von einem aufheulenden Motor und dem anlaufenden Dröhnen einer Mähmaschine. Eine Meise zwitscherte, eine Taube gurrte, dann duckten sich alle diese Geräusche weg. Wie von weit her ihre eigene Stimme: „Das darf nicht wahr sein! Zehn Jahre gearbeitet, ein Haus gebaut, darauf gewartet, dass wir endlich Kinder haben können, und jetzt willst du gehen, weil ich dir nicht mehr attraktiv genug bin?" In der alten Küche, die Frau mit streng zurückgekämmten Haaren, blassblau der Pullover, verbissen der Mann am Tisch – nicht gerade ein Adonis – mit dickem Bauch und schütterem Haar. Nichts an ihm ist Annette mehr vertraut. Nicht einmal der Name Robert. Was sie an dem gefunden hat? Ihre Freunde hat sie ihm geopfert, ist in sein Leben umgestiegen, hat ihr eigenes hinter sich gelassen. Angestaute Wut steigt hoch: „Viel kannst du nicht mehr ändern," schreit sie diese passive Frau an, „aber nimm das wenigstens nicht hin wie ein Lämmchen! Vergiss ihn!"

Sie würgt an ihrer Wut, wirft die Fotoalben auf den Boden, weiß nicht, wohin mit sich. Wieder diese Enge. Sie krallt sich an der Sessellehne fest. Gleich wird es hochkommen, das Schlimme. Nicht mehr aufzuhalten. Sie sieht sich, wie sie ihm sagen will, dass da etwas ist, das zu wachsen begonnen hat, etwas Neues, das ihr Leben verändern wird und auch das seine. Warum zögert sie? Dann doch, verhalten ihre Worte. Er schaut, als hätte er nicht verstanden. Seine Augen strahlen nicht, stumm. Und dann messerscharf: „Unmöglich! Doch nicht jetzt! Die Schulden für das Haus, das Auto, die geplante Reise, so etwas … länger planen … am besten wegmachen lassen … ist doch kein Problem!" ‚Wegmachen' macht ihre Freude mit einem Schlag weg. Mit verheultem Gesicht geht sie. Da ist sie, die Stimme: „Warum hast du nicht einfach ‚nein' gesagt? Hättest es notfalls ohne ihn geschafft. Ihr wart schließlich zu zweit! Du und das Leben in Dir!"

Annette sitzt wie gelähmt. Hat Durst, ist aber zu müde aufzustehen. Wieder fliegen Bilder durch ihren Kopf. Der blau-weiß gestreifte Strandkorb, dahinter das Nordmeer in der Abendsonne, schön. Hat sie vergessen. Doch sie hört auch ihr kläglich langgezogenes „Ich dich auch!" Und ihr Herz zieht sich zusammen. Neben der sonnengebräunten Frau im bunten Bikini – wie jung ihr Gesicht da ist – hockt der dicke Robert. Seine Hand klettert lüstern an ihrem Rücken hoch, „Ich liebe dich, ich will dich, du wirst meine Frau!" Und in ihr schreit es: „Ich spüre nichts! Deine Nähe be-

76

drängt mich! Du nimmst mich mir selbst weg!"
Aber die Stimme setzt sich nicht durch gegen die
andere: „Was machst du, wenn du keinen mehr
findest? Besser den als eine alte Jungfer werden!"

Annette steht auf und holt sich ein Glas Wasser,
trinkt einen Schluck, gießt es wieder weg. Inzwischen ist es dämmrig. Früher wäre sie rausgegan-
gen, jemanden treffen. Den inneren Druck durch
Reden abbauen, vielleicht mit einem Glas Wein
runterspülen. Allein bringt das nichts. Wenn sie
doch einfach an einem früheren Zeitpunkt einstei-
gen und anders weiterleben könnte. Sie sucht nach
dem Bild, auf dem sie sich einmal gefallen hat:
Lässig im Schneidersitz, die blonden Haare weich
hochgesteckt. Neben ihr die dunkle Marlen. Nach
einem weinseligen Abend lachend aufs Bett ge-
sunken. Prall. Nichts gefehlt. Alles offen. Ein paar
Wochen später erzählt Marlen von ihrer Auszeit,
Afrika. Und Annette bewirbt sich als Sekretärin,
um den Eltern nicht länger auf der Tasche zu liegen.

Sie muss weiter zurück: Abschlussball. Eigentlich
will sie nicht hin. Ist ja doch wieder das Mauer-
blümchen. Die Marlen hat überall Wetten abge-
schlossen, wann sie welchen Jungen an dem gewissen Punkt hat. Die meisten anderen kommen
mit Partner. Sie kann sich ausrechnen, dass sie
entweder alleine dasitzt, oder dass wieder der mit
den Pickeln kommt, der so komisch riecht, der mit
den feuchten Händen. Aber es gehört sich, dass
man hingeht. „Hättest du doch auf den blöden
Ball gepfiffen! Wärst mit Jogo gegangen! Jogo, das
war, wie wenn man Farbe ins Leben schüttete."
Jogo, dem Spinner, wie Mama sagte. „Suche dir

doch einen Soliden, der eine Anstellung hat!"
Dem Papa hätte sie mit Jogo sowieso nicht kommen dürfen. Der Papa hatte genug Probleme mit Mamas Krankheit. Robert arbeitete immerhin schon im Geschäft seines Vaters.

Annette kramt weiter: Ist das wirklich sie? Da sitzt ein Püppchen, zwei blonde Schwänzchen mit roten Schleifen, auf einer Treppe und weint. Weiter weg eine Gruppe von Kindern auf einer Hüpfburg. „Was ist los?" ruft Annette. „Warum spielst du nicht mit den anderen! Warum heulst du?" „Sie wollen mich nicht haben. Vielleicht tut es ihnen leid, wenn ich weine!" „Sei nicht blöd! Keiner kommt! Lass' dir nicht alles gefallen!" Schon da hätte sie es anders angehen müssen!

Sie stößt auf ein Foto mit Braunstich, so alt ist es. Das süße Kleidchen mit den Marienkäfern und der erste kleine Hut. Haare hat sie noch nicht viele. Sitzt im Laufställchen und macht gar nichts. „Warum spielst du nicht? Hast eine Puppe und einen Ball." Sie öffnet den Mund, aber es kommt nichts raus. Die Mama hat keine Zeit, ist doch immer krank. Und der Papa erschöpft, wenn er nach Hause kommt. Und Annette hat doch beide so lieb. Da darf sie doch nicht schreien.

Joanna Masseli

WIR HABEN GELERNT

Infektionsrate verändert das Denken
„resta a casa" (bleib zu Hause)
hinter der Maske
in der Dunkelheit
kommt das wahre Gesicht ans Licht

der Kampf
gegen den unsichtbaren Feind
bevorzugt Patienten
die „höhere Lebenserwartungen" haben

Gott erkennt alle hinter der Maske
„Urbi et orbi" segnet vom Bildschirm
alle im home office

„andrà tutto bene" (alles wird gut)
der letzte Weg im Militärfahrzeug
ohne Abschied

die Warteschlange der Särge ist lang
wenn Bocelli „Amazing Grace"
einsam auf dem Domplatz singt

„Music for hope" gibt Kraft
wenn Umarmung strafbar wird
wollen alle Gesicht zeigen
und andere Gesichter sehen

Infektionsrate bricht das Denkmuster
raubt den Atem

wir haben gelernt mit den Augen zu lächeln

C. H. Huber

corona IV

kotzen könnten ihre augen
beim anblick des blauen
viel mehr sieht sie nicht
aus dem fenster ihres un
freiwilligen exils
sagt sie morgens
warum blauts nur so blau
grünt so grün und blüht
so farbenfroh fragt sie mittags
beim einsamen kurzen gang durch
das viertel der villen
aprilscherz oder
verhöhnung durch die natur
verschwendung von zeit
und leben um am leben
zu bleiben? bleiben wird
länger noch die sehnsucht
nach menschlicher begegnung
nach gesprächen ohne telefon
oder skype

Fragile

Zehn Minuten vor Öffnung betrat er die Breite
Straße in seinem Viertel und sah bereits einige
Leute vor dem Ladenlokal stehen. Jonas zog den
Reißverschluss seines Parkas ein wenig höher. Ihn
fröstelte, obwohl es schon warm war und heute
ein heißer Apriltag zu werden schien. Als er den
Laden erreichte, suchte sein Blick die Schrift auf
dem noch runter gelassenen Rollladen. „Geld gegen Pfand. Bar auf die Hand", stand dort in blau-
en Großbuchstaben. Schon oft war er hier vorbei-
gelaufen, hatte den Schriftzug aber noch nie bemerkt. Grußlos stellte Jonas sich als Vierter in die
Schlange. Hier standen Menschen mit Geschichten, die keiner gerne erzählte. Alle brav im Abstand von zwei Metern. Corona machte gefügig.
Mit seinen schlaksigen Einsneunzig überragte Jonas die Wartenden. Vor ihm die Frau mit dem
Kopftuch trug bereits einen Mundschutz. Der
junge Mann im Anzug hatte einen Pappkarton
unter den Arm geklemmt und direkt vor dem Eingang tippelte eine Frau mit fettigen Haaren unge-
duldig von einem Bein aufs andere. Noch fünf
Minuten. Die Frau klingelte, doch nichts rührte
sich. Sie drehte sich verschämt um und zeigte ein
zahnloses Lächeln.

Jonas schaute zu Boden. Bisher hatte er sich als
Musiker so durchgeschlagen. Er hatte bereits im
Studium einen ordentlichen Stamm an Schülern
aufgebaut. Das Geld reichte gerade für die Miete.
Mit Mucken und Gigs hatte er den Rest dazuver-
dient. Das Virus hatte ihn schon nach drei Wo-

chen an die Grenze gebracht. Es gab einfach keine
Auftritte auf Vernissagen, Hochzeiten und Be-
triebsfesten im Lockdown. So einfach war das.
Proben, die nicht stattfanden. Er hatte aufgehört
zu üben. Seine Schüler unterrichtete er über
Skype. Er war in seinem Apartment alleine mit der
Kamera, dem Laptop und seinen Instrumenten.
Die Gesichter und Stimmen seiner Schüler wur-
den von Mal zu Mal unwirklicher.

Das Knirschen des Rollladens riss ihn aus seinen
Gedanken. Punkt zehn Uhr. Die Zahnlose klingelte erneut und verschwand in dem Gebäude. Jonas
schaute in die Auslage. Ringe, Ketten, Broschen
und Uhren, alles sehr ordentlich und übersichtlich.
Kein Ramsch, keine alten Handys, kein Zahngold,
das hier in Kauf genommen wurde. Nein, hier
verpfändeten Menschen ihre Autos, Motorräder
und ausgewählte Schmuckstücke. Jonas erhoffte
sich einen guten Preis. Seine Hand tastete nach
dem schwarzen Kasten, den er an einem Gurt
über die Schulter trug. Er hatte es all die Jahre ge-
hütet wie seinen Augapfel. Blieb ihm wirklich
nichts anderes übrig? Als sein Handy klingelte,
wischte er den Gedanken schnell beiseite. Mit der
linken Hand fischte er das Smartphone aus seiner
Jackentasche und schaute auf das Display. Mo.
Jetzt nicht! Was würde sie davon halten? Mo in
ihrem geordneten Leben mit festem Job und Familie. Wie unterschiedlich sie doch waren. Er würde wohl immer das Nesthäkchen bleiben, doch er
hatte seine ältere Schwester noch nie um Geld gebeten. Niemanden. Er wollte es alleine schaffen.
Mo durfte auf keinen Fall davon erfahren.

Jonas drückte den Anruf weg und rückte zwei Meter vor. Die Zahnlose war weinend aus dem Laden gekommen. Wieder dieses Frösteln. Mein Gott, das Erbstück seines Vaters! Er hatte nichts Wertvolleres. Sein Vater war gestorben als er zwölf Jahre alt war. Er hatte ihm das Tenor vermacht. Jonas war mit Jazz aufgewachsen. Karl, sein Vater, den alle nur „Charlie" nannten, hatte in London und New York gespielt. Jonas sollte in seine Fußstapfen treten, doch er hatte schon im Studium erkannt, dass sein Talent nicht reichen würde. Für seinen Vater war er immer „Johnny" gewesen.

Wieder zwei Meter weiter. Er hatte gar nicht gesehen, wie der Mann mit der Pappschachtel auf die Straße getreten war. Als dieser an ihm vorbeiging, bemerkte Jonas, dass die Schachtel genauso zugeklebt war wie vorher. Was, wenn sie mir gar kein Geld geben? Geld gegen Pfand. Bar auf die Hand. Von der Hand in den Mund. Er hatte keinen Spielraum mehr. Er brauchte Geld für das Nötigste: Essen. Ein Tausender müsste schon drin sein. Hinter ihm hatten sich weitere Leute in die Schlange gestellt. Jonas wurde unruhig. Die Frau mit dem Kopftuch kehrte plötzlich um. Sie hatte es sich im letzten Moment anders überlegt. Jonas stand jetzt direkt vor der Tür. An der Hauswand fand er eine Klingel mit Kamera. Er zog sich die Maske über Mund und Nase. Steif setzte er einen Fuß auf die Stufe und drückte den Klingelknopf.

Ein Summen ertönte. Jonas stemmte sich gegen die Tür und stand im nächsten Moment in einem braun gefliesten Hausflur. Eine weitere Tür aus hellem Massivholz öffnete sich automatisch. Zögernd trat Jonas ein. Der etwa zwanzig

gernd trat Jonas ein. Der etwa zwanzig Quadrat-
meter große Raum war leer. Die braunen Fliesen
am Boden und das Weiß der Wände wurden von
grellem Neonlicht beleuchtet. An einer Wand hing
ein großer Spiegel mit silbernem Rahmen, wie in
einem billigen Hotel. Es roch nach Desinfektionsmittel. Der sterile Raum bot keinerlei Ablenkung.
Jonas trat mit einem großen Schritt an die Theke,
die mit Panzerglas bis zur Decke umbaut war.
Hinter einer Luke stand eine Frau mit rotem
Zopf. Ihr blaues Kostüm und die weiße Bluse
wirkten wie eine Uniform. Hätte sie nicht so sym-
pathisch gelächelt, wäre Jonas jetzt umgekehrt.

„Ich möchte dieses Instrument in Zahlung geben", hörte er sich sagen. Mit zitternden Händen
öffnete Jonas den schwarzen Kasten.
„Tut mir leid. Für Instrumente haben wir gerade
keine Nachfrage", sagte die Frau.
Jonas schoss das Blut in den Kopf.
„Aber ich will es doch gar nicht verkaufen. Ich
will es nur beleihen", stammelte er.
Die Frau legte den Kopf schief und musterte den
jungen Mann. Er war mager. Seine Wangen in
dem blassen Gesicht eingefallen. Sie schätzte ihn
auf Anfang dreißig trotz seines jungenhaften Parkas. Drogen? Nein, der Junge wirkte anständig.
Schließlich räusperte sie sich und sagte:
„Lassen sie mal sehen."
Wieder ein Summen. Eine Tür in der Panzerwand
öffnete sich. Jonas reichte ihr den schwarzen Kasten mit dem Tenorsaxophon. Die Tür schloss sich.
Ohne ein weiteres Wort verschwand die Frau in
einem Hinterzimmer. Jonas blickte sich um. Er
sah seine schlanke Gestalt in dem großen Spiegel
und wandte sich ab. An der Wand hinter ihm hin-

gen die Geschäftsbedingungen in einem schwarzen Rahmen. Er begann zu lesen. Zinsen, Gebühren, Fristen, Paragraphen. Ihm wurde schwindelig. Er hatte nicht gefrühstückt. Rauschen in den Ohren. Die Wand schien auf ihn zuzukommen. Dann wurde alles um ihn schwarz. Jonas stürzte auf die kalten Fliesen. Schemenhaft sah er seine Eltern vor sich. Wo waren Sie? Wo war er hier? Suchend blickte er sich um. Dann war er wieder allein. Als er sich stöhnend aufrichtete, wusste er nicht, wie lange er an diesem fremden Ort unbemerkt gelegen hatte.

Die Frau kam zurück.
„Haben sie ihren Ausweis dabei?", fragte sie.
Jonas schob ihr die Plastikkarte mit seinem Foto zu.
„In Ordnung", sagte die Frau nach einem kurzen Blick auf das Dokument.
„Sie bekommen abzüglich Gebühren siebenhundert Euro in bar."
„Siebenhundert? Ich brauche mindestens tausend!" Jonas reckte das Kinn.
„Sie haben drei Monate Zeit. Danach werden wir es versteigern", fuhr die Frau unbeirrt fort.
„Ist ihnen das klar?" Sie sah ihn forschend an.

Jonas senkte den Kopf. Er schwitzte unter der Stoffmaske und spürte heißen Hass in sich auflodern. Hass auf seine toten Eltern, seine Schwester, die so weit weg wohnte. Hass auf diese verdammte Pandemie. Jetzt stand er hier in diesem beschissen kalten Pfandleihhaus, das irgendeine Mischung aus OP-Saal und Bank war und bettelte um Geld. Jonas zog die Schultern hoch und atmete tief ein. Dann ließ er sie wieder sinken. Als die

Frau ihm den Vertrag zuschob, blickte er beschämt zur Seite. Die Faust in seiner Jackentasche löste sich nur langsam. Schließlich nahm er einen Kugelschreiber aus dem Glas mit der Aufschrift „desinfiziert" und unterschrieb.

Ramona Roßbach

Corona-Absurdität

der Alltag
mit Masken vermummt
und Freiheit
wie selten zuvor
zu denken das Unmögliche
in weiter Ferne
was wirklich wichtig ist
rückt näher
ins Bewusstsein
auf der Wiese
im Sonnenlicht hingestreut
blaue Blumen
ein Lächeln des Novalis
meine Seele segnend

Anna Amerstorfer

Tinnitus

Irgendwie brummt mir der Kopf, alles dreht sich,
so viel passiert, keine Zeit nachzudenken, keine
Zeit zu realisieren, einfach immer weitermachen.
Irgendwie Angst haben und irgendwie allein sein,
nicht wirklich allein sein, aber doch.

Der Weg nach Hause keine Option, gesperrt, vielleicht nur für einige Wochen, vielleicht für Monate, man weiß es nicht. Grenzen gesperrt, Ausgang
gesperrt, es fühlt sich komisch an, beengend.

Rational weiß ich, dass ich hier sicher bin. Rational
weiß ich, dass es vorbeigeht. Rational weiß ich,
dass alles gut geht. Aber was in diesem Leben ist
denn schon rational?

Da sind Gefühle, die nicht zuordenbar sind,
Angst? Unsicherheit? Einsamkeit?

Manchmal weine ich und ich weiß nicht warum,
ich weiß nicht was ich fühle, andere Male weine
ich, weil ich genau weiß, was ich fühle und das
Gefühl erdrückend ist und oft lache ich, weil der
Frühling nicht erlaubt traurig zu sein.

Weil das strahlende Gelb der Märzenbecher in die
Augen sticht, weil der Himmel blauer ist als die
Nivea-Cremedose oder weil die Vogelküken im
Nest vor dem Balkon sich auf ihre Mutter freuen.

Oft lache ich, weil ich mich stark, gut und frei fühle, sogar in diesem Käfig. Manchmal lache ich ein-

fach, weil ich nicht traurig sein will. Weil alles wieder gut wird. Ich weiß, dass alles wieder gut wird, ob das rational oder irrational gedacht ist, ist egal, weil es stimmt.

Güle G. Lerch

da gemeine alpenkowid

kennsch eh in kowid
gä
den weasch decht kennen
in kowid vom tschainahaus
dea isch erscht neinzehn
des isch a hund
gflogn gseglt zfuaßgangen gveglt
ibarall ischa scho gwesn
rotzt si durchs lebm di ganze welt
kimmp aba allaweil wieda gern zrugg
woaß wo sei hoamatl isch
dea sentimentale siach
fetzt umanand bei seine freind
simultan ischgl hotel fleischerei
alls richtig gmacht dea saubeitl
als fiaba als lungenharing
dea isch echt a hund
aba a lukullisch hatas drauf
da ischa a kowidl tascherl picksiaß
oda manchmal a a schpagetti coronara
manche aba megn des a nit
de haun si an fetzn vors maul
und lassn des siaße kloane kowidl
eiskalt otropfn
bis wieda oans pleat

Zur blauen Stunde

Noch nie haben wir
mit den Amseln gesungen
zur blauen Stunde
im Garten vorm Haus.

In dieser Zeit aber
treibt uns die Sehnsucht
an jedem Abend
ins Freie hinaus
zu den Stimmen der anderen,
meterweit fern –
und wir staunen wie sie,

sind uns nahe im Klingen,
verbunden im Schwingen,
fast tanzend manchmal
zur Melodie.

Unterm schwebenden Segen
nehmen wir später
ein Lachen,
ein Wort,
einen Rhythmus
hinein

in die Küchen,
die Nacht,
in die Sorgen
und Träume.

Seit einiger Zeit
schlaf ich ruhiger ein.

Peter Giacomuzzi

muttertag 2020
cara mamma

anche se nessuno di noi due sia ammalato, adesso
ci è vietato di incontrarci. e non viviamo in una
dittatura, né sotto un regime senza diritti umani.
viviamo in due democrazie normali, se per
„normali" si intendono tutte le mediocrità di noi
soggetti umani. perché ti scrivo in italiano? non lo
so. forse sentivo il bisogno di esprimere la nostra
distanza anche tramite una lingua, che non è la
„nostra", che però ha a che fare con noi due, con
le nostre vite.

presto compierai 92 anni. un' eternità. il sindaco di
tübingen/tubinga qualche giorno fà aveva
dichiarato, che „probabilmente salviamo persone,
che in ogni caso sarebbero morti tra sei mesi".
bravo ragazzo. io gli darei volentieri due schiaffi.
uno, per essere così stupido, l'altro per essere
troppo intelligente di essere così stupido. eppure si
dichiara lui stesso di essere un verde, vuol dire un
pacifico, uno che la vita la conosce e la rispetta. il
signorino però ti manderebbe in quel paese,
convinto, di averne il diritto.

comunque, si potrebbe anche stare peggio. almeno
io. tu no. tu ti sei già trovata in situazioni peggiori.
prima della guerra, durante la guerra, dopo la
guerra. tu li hai visti. gli uomini scatenati, feroci,
voluttuosi. ricchi, poveri, vecchi, giovani, potenti,
malmessi. ma sempre uomini, sempre alla caccia di
carne, di sangue, di donne. e come paga hanno
lasciato monete, calze di seta, schiaffi, gravidanze.

io sono cresciuto senza danni. protetto. le guerre
le abbiamo ascoltate alla radio o viste in tv. in ogni
caso lontane da casa nostra. da cosa nostra. il
nuovo mondo era la tv a colori.

ti ho mai detto grazie? probabilmente no. ai
genitori non si dice „grazie". o, se lo si dice, sa un
po' di muffa, di qualche sfumata bigotta, di caino
e abele. così lo dico adesso. grazie mamma. anche
se é un ringraziare un po' cinico, disonesto. perchè
non ti devo, non ti posso guardare in faccia.
separati dal virus e dalla politica è facile dirti
„grazie".

io peter, tu elisabetta. come se fossimo da due
pianeti diversi. io invece sono uscito dal tuo
grembo, sono una parte di te. adesso sei in
prigione. tu, che non puoi uscire dalla tua struttura
(che parolaccia! „la struttura di sua madre
l'abbiamo dovuta chiudere"). o sono in prigione
io, che non posso entrare nella tua struttura?
siamo separati, ci hanno separati. nessuno ci ha
chiesto. l'hanno imposto. senza elezioni. in mezzo
a un paese democratico. nessuno ha chiesto „vuoi
venire ad abitare con tua madre?" o „vuoi portarti
la mamma a casa tua?" decreti, decreti, decreti.
ogni giorno un decreto da un esperto. gli esperti
sono anche esperte? o solo uomini? col membro.
membri. della famiglia? non si sa.

poveracci anche femmine e maschi della vita
politica. devono far finta di capire qualcosa, ed
invece capiscono poco o niente. come noi due. c'è
un virus in giro? restiamo a casa ed aspettiamo che
se ne vada. ma forse serve. forse hanno ragione
loro che predicano l'austerità. forse il virus è

quella pena divina, che ci promettono le diverse
religioni. noi due però non eravamo mai
veramente religiosi. il padre eterno ... non esiste, è
però un'illusione rassicurante.

facciamo festa. festa della mamma. del papà , del
nonno e della nonna. festa ogni giorno, per ogni
essere. la vita una festa, mamma. perché non si sa
mai: l'incoronazione può finire domani, o in un
mese, o adesso. non si sa.

grazie mamma.

Kaia Rose

Entfremdung

Während Corona
quer über den Erdball flaniert
und genüsslich Land für Land vernascht
verschanzen sich die Staaten
hinter ihren Gesetzen
Nationen denken wieder national
Jeder ist sich selbst der Nächste

Das Virus kennt keine Grenzen
Nichts hält es auf
Wir aber besinnen uns
in seinem Angesicht der unsrigen
Schließen, was offen stand
Verbarrikadieren die Freiheit
mit unserer Angst

Waren wir einst bestrebt
einander die Hände zu reichen
Gräben zu überwinden und
Brücken zu bauen
ist heute jede Berührung tabu
Furchtsam suchen wir Schutz voreinander
und finden ihn
in der Einsamkeit

Claudia Ploner

Quarantäne I

Heut bin ich auf meinen Kaktus gestiegen,
hab den ganzen Tag geschwiegen,
mir gewünscht ich könnte einfach fliegen,
anstatt nur in meinem Bett zu liegen.
Stuhl sitzen,
Bett liegen.
Und wieder von vorne.
Den Blick nur nach außen hin, nach vorne,
gerichtet.
Die Menschen vor dem Fenster draußen,
lachend, weinend, schreiend,
oder schweigend.
Aber lebend,
im Gegensatz zu mir,
existierend,
vor mich hin vegetierend,
den Verstand verlierend
Den Horizont begrenzt.
Auf 4x3x4 Meter geschrumpft.
Alle Gedanken und Gefühle abgestumpft.
„Iss, geh duschen, zieh dich mal an"
sprach die Vernunft.
Vor ein paar Tagen noch lautstark,
dann immer weniger laut und immer weniger stark
bis gar nicht mehr.
Und auch sonst redet keiner mit mir,
und nur der nächste Tag verspricht mir,
gleich zu werden wie der davor,
und der vor dem vorherigen.

Teresa Baier

Achterbahn

Zum ersten Mal seit Stunden drücke ich auf den roten Knopf und schalte den Fernseher aus. Und zum ersten Mal seit Jahren, ertappe ich mich dabei, dass ich mir das Zischen, Summen und anschließende Knistern der alten Fernsehgeräte zurückwünsche. Damals als Kind legte ich oft meine Wange an den Bildschirm, ganz knapp, um das leichte Kitzeln an den feinen Härchen meiner Kinderhaut zu spüren. Heute bleibt das neumoderne Gerät einfach schwarz und stumm. In der Sekunde, die meine Augen brauchen, um sich an die Dunkelheit zu gewöhnen, ist es stockfinster im Raum aber ohrenbetäubend laut in meinem Kopf. Zu viele Gedanken schwirren darin herum, dass ich gar nicht weiß, wo sie anfangen und wo sie wieder aufhören. Es sind Zahlen, Empfehlungen und Bilder, und im Zentrum nur ein Wort: Corona.

Die Hände tief in den Jackentaschen vergraben betätigt mein Ellenbogen den Türöffner und ich steige in die U-Bahn. In den letzten Wochen haben viele meiner Körperteile neue Aufgaben erhalten. Meine Ellenbogen begrüßen jetzt Freunde, öffnen Türen, drücken Knöpfe in Liften und öffentlichen Verkehrsmitteln und helfen mir beim Balancieren in selbigen. Auch meine Schultern sind dafür immer wieder im Einsatz, drücken gegen Glaswände oder Haltestangen. Selbst meine Pobacken wurden auf In-der-U-Bahn-abstützen umgeschult. Meine Füße sind nun nicht mehr einfältige Fortbewegungsmittel, sondern können andere Menschen begrüßen und finden selbständig

97

ihren Platz hinter jeglichen Bodenmarkierungen.
Allein meine Hände beklagen sich über die Kurzarbeit, in der sie sich seit Wochen befinden. Zugegeben, unterwegs ist ihr Tätigkeitsbereich heute
um vieles eingeschränkter als noch zu Jahresbe-
ginn. Maske-auf- und Maske-absetzen zählen nun
zu ihren Hauptaufgaben, die sie auch konkurrenz-
los ausüben. Die U-Bahn bleibt ruckartig stehen.
Kurz schrecke ich auf, ziehe beinahe meine Hände
aus den Taschen, aber fange im letzten Moment
einen Sturz mit Ellenbogen und Schulter ab. *Gar
nicht so schlecht*, denk ich und stelle mir vor, wie
meine Hände eifersüchtig in den Jackentaschen
schmollen.

Seit Wochen legt sich eine seltsame Stille
wie ein seidenes Tuch über die Stadt sobald es
Abend wird und löst tief in mir eine Ruhe aus, die
ich dieses Jahr nur selten verspüre. Im kalten
Abendlicht spaziere ich durch die beinahe leeren
Straßen, vorbei an leeren Schanigärten, Spielplät-
zen und Parkbänken. So hab ich die Stadt noch
nie erlebt und so werde ich sie wohl auch nie wieder sehen. Alle sind zuhause. Und es stört mich
kein bisschen. Ich bin eine der wenigen, der das
Zuhause-sein, das Nicht-nach-draußen-gehen und
das Von-daheim-arbeiten nichts ausmachen. Während andere Menschen sich eingesperrt fühlen,
fühle ich mich richtig frei. Denn es bedeutet: man
bekommt keine Einladungen zu Spieleabenden,
für die man irgendeine Ausrede erfinden muss,
erntet keine hochgezogenen Augenbrauen, wenn
man erzählt, dass man dieses Wochenende lieber
zuhause bleibt, anstatt einen Ausflug zu machen
oder Freunde zu treffen, und verspürt kein
schlechtes Gewissen, wenn man bei Sonnenschein
nicht jede Minute im Freien verbringt, sondern

unter der Decke mit einem Buch. Dennoch genieße ich die abendlichen Spaziergänge, wenn die Stadt verlassen daliegt, die letzten rosaroten Wolken hinter den Hochhäusern verschwinden und es sich so anfühlt, als wäre die Stadt so lebendig wie sonst nie, als würde die Stadt wirklich einem selbst gehören. Diese Zeit ist reine Magie inmitten des Chaos.

Am Weg zur S-Bahn begegne ich einem Meer aus Masken und müden Augen, die sich dicht hintereinander durch den engen Gang schieben. Immer wieder flasht es mich noch, selbst nach Wochen des neuen Abnormalzustandes, wenn ich maskierte Gesichter sehe. Meine Kehle verengt sich, als würde sie jemand wie ein Turnsackerl einfach zuziehen, Tränen drücken von unten in meine Augen, meine Brust fühlt sich schwer an. Jetzt passiert es wieder. Die Luft gelangt kaum in meine Lungen, und ich weiß nicht, liegt es an der Maske oder an dem Babyelefanten, der gefühlt auf meiner Brust sitzt. *Ist das die Atemnot, von der alle sprechen?* Eine Durchsage erinnert daran, Abstand zu halten und Maske zu tragen, und reißt mich aus meiner eigenen Panikmache. *Womöglich ist es doch einfach nur die Angst,* sag ich mir schnell. In letzter Zeit kommt sie immer öfter und bleibt immer länger. Ich starte einen weiteren Versuch, und dieses Mal gelangt schon mehr Sauerstoff in meine Atemwege. Erleichtert schließe ich die Augen, schiebe meine Maske zurecht.

Nach acht Wochen im Fernunterricht betrete ich zum ersten Mal wieder das Schulgebäude. Die Gänge sind kalt und ausgestorben; in den Klassenräumen herrscht dasselbe Bild. Bis auf ein paar wenige Schüler, die noch auf die schriftlichen, abschließenden Prüfungen vorbereitet werden, sind alle anderen zuhause. Totenstille. Viel zu still für diese Art von Gebäude. Beklommen schreite ich die Gänge entlang zur nächsten Stunde. Vor mir erstreckt sich die Aula mit Platz für eine zwanzigmannstarke Gruppe. Schüler sitzen über den Raum verteilt, alle an einem eigenen Tisch. Aus belustigten Augen sehen sie mich an; meine Stimme klingt verloren in dem riesigen Saal. Langsam haben sich alle dran gewöhnt, an den Abstand, das Desinfizieren beim Betreten eines Gebäudes, an die Tatsache, dass sie keine mündlichen, abschließenden Prüfungen ablegen müssen. An den Unterricht in so einem gewaltigen Raum werde ich mich aber kaum gewöhnen. *Es sind andere Zeiten*, erinnere ich mich, als der Kloß in meinem Hals sich wieder zu formen droht, und bin einfach froh, ein paar wenige lächelnde Gesichter zu sehen, anstelle von bloßen Namen auf meinem Bildschirm.

Ein paar Wochen später sitze ich auf der großelterlichen Terrasse, die Beine weit von mir gestreckt. Die Sonne scheint mir auf den Rücken, legt sich wie eine warme Decke um mich. Meine Brust fühlt sich leichter an, der Babyelefant sitzt wohl nur mit einer Pobacke auf mir. Heute steht Corona einmal nicht im Mittelpunkt, beobachtet aber alles mit erhobenem Zeigefinger. Tee und Kuchen werden mit Abstand über den Tisch gereicht. Hände werden nicht geschüttelt, Enkel nicht umarmt oder Großeltern abgebusselt. Trotzdem ist die Stimmung locker, es wird wärmer, bald ist Sommer. Achtzehn Uhr und noch ist es hell. Seit Wochen schon herrscht um diese Uhrzeit kein Krawall mehr, auch wenn er für eine Zeit ein Synonym für Zusammenhalt und Hoffnung war. Heute bleibt das Klatschen aus. Stattdessen dringen vertraute Klänge aus dem Inneren der Wohnung. Ich lausche der Musik, lehne mich zurück. Meine Mundwinkel zucken nach oben und meine Augen schließen sich, als ich es höre. Das Knistern des Plattenspielers, das leise Flüstern, dass irgendwann alles wieder gut sein wird. Für einen Augenblick vergesse ich die Angst, die Zahlen, den Babyelefanten und dieses kleine große Wort mit sechs Buchstaben. Die Achterbahn der Gefühle bleibt stehen und für einen Moment bin ich einfach, spüre die Magie und genieße den Ausblick von hier oben.

Marina Maggio

Heute

Heute wasche ich das Geschirr von gestern.
Heute beende ich die Exkursion durch meine
Wohnung, kehre die alten Fossilien wieder
unter den Teppich.

Heute höre ich auf, einer Fata Morgana
nachzujagen, mit den Wänden zu sprechen,
die Gläser auf dem Tisch zu rücken.

Heute mache ich mir Platz unter den Rippen,
richte mein Herz neu ein, tausche meine dunklen
Pupillen gegen Buntglas aus dem Baumarkt aus.

Heute jage ich die Spinne aus meiner Wohnung
die bei mir überwintert hat, sag ihr, sie soll sich
andere Opfer suchen …

sag ihr, dass bei mir die Lebensmittel knapp
werden und die Fliegen.
Ich sag ihr, sie soll die Welt erkunden solange
sie es noch kann.

Heute wasche ich das Geschirr von gestern
oder auch nicht, schleife ein Messer, filetiere
damit die Einsamkeit, entgräte meine Langeweile.

Heute gehe ich aus meiner Wohnung, nehme
nur meinen Schatten mit, halte Abstand und
beobachte die anderen, wie sie ihre Spinnen
verjagen.

Harald Seredzun

DIE FLIEGE
oder **SMALLTALK AM GARTENZAUN**

„Hallo, August, spät dran heute, wie?" – „Was heißt hier spät? Gestern Abend war's spät. Habe einen alten Western geguckt." – „Was du so guckst. Knallerei, Pferdegetrappel, Indianergeheul, das brauche ich nicht." – „Und du kannst mich mit deinen Heimatfilmen jagen. Kuhglocken, Edelweiß, Liebesgedöns, das brauche ich nicht." – „Ich sehe mir Heimatfilme immer allein an. Lisa mag sie auch nicht." – „Und Lena mag keine Western." – „Das Fernsehen macht uns zu Strohwitwern." Ha, ha, ha, gings übern Zaun hin und her.

Der morgendliche Smalltalk am Zaun war Ritual. August und Alfred trafen sich immer pünktlich um 8 Uhr. Sie brauchten sich nicht zu verabreden. Seitdem sie im Ruhestand waren, entsprach es ihrem Tagesrhythmus.

Hast du das mit der sibirischen Fliege gehört?" fragte Alfred, „Sachen gibt's." – „Was für Sachen?" – „Kam doch in den Nachrichten. In Sibirien ist eine bisher völlig unbekannte Fliege aufgetaucht, ganz winzig, mikroskopisch klein. Die Fliege bevorzugt angeblich Kälte, da kann sie sich am besten vermehren." – „Sachen gibt's", meinte August uninteressiert. – „Die Fliege ist nicht ohne, sie sticht Katzen und Hunde, die bekommen Fieber, verenden binnen zweier Tage." – Sachen gibt's", sagte August noch einmal, „na ja, wir haben weder Hund noch Katz'. Und kalt ist's bei uns auch nur noch selten." – „Da hast du recht. Sachen gibt's." – Der Smalltalk war für diesen Morgen beendet.

„Nicht zu fassen, nicht zu fassen", murmelte Alfred vor sich hin. – „Nicht zu fassen, nicht zu fassen", gab August zurück. – „Jetzt hat es die Lappen erwischt." – „Lappen? Hauptsache ich habe meinen Lappen noch, bin gestern in eine Radarfalle geraten, musste berappen." – „Du Armer. Aber das mit den Lappen finde ich schlimm, denen verrecken die Renviecher." – „Wie, wo, was, wann?" – „Kam doch wieder in den Nachrichten, die sibirische Fliege!" – „Was ist mit der?" – „Die treibt jetzt auch in Lappland ihr Unwesen. Ein Lappe soll mit seinem Hund in Sibirien gewesen sein. Der Hund wurde von der Fliege gepikst, ist eingegangen. Irgendwie muss die Fliege vorher auf ein Rentier gehupst sein." – „Wie? Die Fliege kann doch nicht mit dem Hund nach Lappland gekommen sein." – „Die Eier, die Eier!" – „Sachen gibt's", sagte August. Der Smalltalk fiel an diesem Morgen sehr kurz aus.

„So eine Scheißfliege." – „Mit den Schmeißfliegen ist es eine Seuche dieses Jahr. Im Freien kann man nichts mehr essen. Dauernd hocken diese Fliegen auf dem Teller." – „Aber die Scheißfliege bei den Lappen ist schlimmer." – Die Spätnachrichten hatten gemeldet, es gebe inzwischen 13 Todesopfer. Die Fliege befalle offenbar auch Menschen. Die Untersuchungen seien zwar noch im Gange, aber einiges deute darauf hin. Es sehe so aus, als ob die Fliege sich perfekt an andere Umweltbedingungen anpassen könne. Manche Forscher befürchteten eine weltweite Ausbreitung.

„Das würde gerade noch fehlen", sagte August, „da macht's aber patsch, wenn ich die erste sehe." – „Die siehst du doch gar nicht. Und wenn die dich vorher gepikst hat, hilft auch kein Patsch mehr." – „Aber es schreckt ab." – „Na, dann viel Erfolg! Die Fliege lacht sich tot." – „Die soll sich ruhig totlachen. Hauptsache, sie verreckt." – „Also mir wird die Sache langsam unheimlich. Dass die Forscher einfach nicht dahinterkommen, was das für ein fürchterliches Gift ist, das diese Sepsis auslöst." – „Die Pharmakonzerne müssten halt mehr Geld in die Forschung stecken." – „Nicht rentabel." – „Genau. Die pulvern erst mehr Geld rein, wenn das Pülverchen ordentlich Rendite verspricht." – „Da sind wohl 13 tote Lappen noch zu läppisch." – „Ha, ha, das hast du schön gesagt." Smalltalk wieder beendet.

August pfiff durch die Finger. Das machte er immer, wenn Alfred nicht pünktlich am Zaun erschien. Lisa kam aus der Küche, ohne Schürze, in Straßenkleidung.

„Wo ist Alfred?" – „Es musste ganz schnell gehen", hechelte Lisa. „Beim Aufstehen hat er noch gar nichts gemerkt. Beim Zähneputzen wurde ihm plötzlich schwindlig. Er rief nach mir, ich sehe nach, da lag er schon." – „Das darf nicht wahr sein." – „Er hatte ganz glasige Augen, eine heiße Stirn. Ich rief gar nicht erst den Notarzt, ich half ihm auf, packte ihn ins Auto, ab ins Krankenhaus. Die haben ihn gleich dabehalten." – „Mensch, was für ein Ding." – „Aber es geht ihm schon wieder besser. Als ich wegging, hat er schon wieder Witze gemacht." – „Gott sei Dank." – „Ja, damit hätte er nicht gerechnet, Alfred war sein Lebtag nie krank. Jetzt so was. Hoffentlich packt er's." – „Na klar, der alte Haudegen lässt sich doch nicht von einer Fliege unterkriegen.

August erkundigte sich jeden Morgen nach Alfred. Lisa kam immer zum Gartenzaun. An diesem Morgen nicht.

„Lisa, Lisa!" August klopfte fest an die Küchentür, die zum Garten führte. Nichts regte sich. Er ging ums Haus, klingelte. Nichts tat sich. Er bekam ein mulmiges Gefühl. Zu Recht.

Alfred war der erste in der kleinen Straße. Es folgten dreiundzwanzig weitere. Der Reihe nach erwischte es auch Lisa, August und Lena. Über die Hälfte der Anwohner raffte die Fliege hinweg. Binnen kurzer Zeit lähmte sie das ganze Land. Kindergärten, Schulen, Geschäfte mussten schließen. Fabriken standen still. Die medizinische Versorgung geriet an ihre Grenzen. In manchen Ländern kollabierte das Gesundheitssystem total. Die Fliege überzog die Welt mit ihrer Allgegenwart. Sektierer faselten etwas von Strafe Gottes. Pseudopropheten sammelten Jünger um sich, verbreiteten Weltuntergangsstimmung.

Ein Philosoph populärer Provenienz trat auf. Er erklärte: Die Krise ist die große Chance für die Menschheit. Mit unserem hektische Lebensstil, dem ungebremsten Wachstum, der Ausbeutung der Natur konnte es nicht so weitergehen. Jetzt wird die Renaissance alter Werte kommen. Die Menschen werden zusammenstehen. Ein humaner Geist wird die Menschheit erneuern.

Nach einem Jahr war die Fliege verschwunden. Erkrankungen hörten urplötzlich auf. Erklären konnte es niemand. Die Forschungslabore stellten ihre Untersuchungen ein. Sie waren ohnehin nicht vorangekommen.

Die Häuser Von Alfred und Lisa, Lena und August und andere Häuser fanden neue Besitzer, die luxuriös um- und ausbauten. Die ganze Straße bekam ein neues Gesicht. Limetten, Guaven zierten die Vorgärten. Hinter allen Häusern befand sich ein Pool.

Nach elf Jahren ging der Nobelpreis für Medizin an eine Forscherin, die nachgewiesen hatte: die Klimaerwärmung brachte das Aus für die sibirische Fliege. Die Fliege konnte nur überleben, solange es noch kalte Zonen auf dem Planeten gab.

Abendsmalltalk am Gartenzaun.

„Wo geht es dieses Jahr hin im Urlaub?" – „Australien." – „Mit der Yacht?" – „Mit der Yacht. Und ihr?" – „Alaska." – „Mit dem Jet?" – „Mit dem Jet." – „Mal raus aus der Routine." – „Das Normale nervt." – „Stress strapaziert." – „Gute Nacht." – „Gute Nacht."

Das Klima gehorchte den Geschäften der Menschheit. Orangen blühten am Oberrhein. Den Odenwald schmückten Oliven. Pinien bedeckten die Schwäbische Alb. Die Evolution blieb von den Geschäften der Menschheit unbeeindruckt. Sie ließ sich immer wieder neue Mutationen einfallen.

morgengrauen. so viel stille. nur wohin
mit all den schweigeminuten
der endlosschleife vorbei

ziehender sonntage, so *lost* zwischen prä und post
folgen wir den **geisterspiele**n
viralen spiralen

der hamsterapokalypse. gerade schon irgendwie
schräg: das hohldrehen der widergänger
mit leergeräumten blicken

schwarze löcher. kein sterbenswörtchen. nur ein
testbild vor diesem pandemischen himmel
auf pause, so vogelfrei

die suche eines fixpunkts, um im bild zu bleiben
nach einem impfstoff gegen angst
bis stille schweigt

mutiert

Markus Grundtner

Warum ich keinen Corona-Roman schreibe

„Wenn die Pandemie so weitergeht, kommt unsere Beziehung in die Statistik der Todesopfer."
So könnte mein Corona-Roman anfangen.
Und vielleicht geht er so weiter: „In der zweiten Woche der Ausgangsbeschränkungen pausieren wir unsere Beziehung, um uns nicht mehr streiten zu müssen."
Der Arbeitstitel des Romans lautet „Sicherheitsabstand".

Meine Freundin sagt, dass die Coronakrise alles zehnfach verschärft habe, all die Probleme der Menschen, deren Konflikte und auch all deren Wahnsinn. Das sagt sie, nachdem wir uns zum wiederholten Mal darüber gestritten haben, wer von uns beiden denn nun erschöpfter ist.
Wir haben zwei Kinder, Zwillinge, zwei Jahre alt. Meine Freundin wünscht sich nichts mehr, als uns alle glücklich zu sehen. Vor allem mich, weil ich immer am unglücklichsten dreinschaue. Aber das Einzige, was mir gerade noch schwerer fällt, als glücklich zu wirken, ist, glücklich zu sein.
Ich habe einen Juristenjob im Arbeitsrecht, ein Rechtsgebiet, in dem gerade mehr zu tun ist als vor Corona. Noch dazu liegt die halb überarbeitete Erstfassung meines Debütromans in der sprichwörtlichen Schublade.
Immer, wenn ich meinen Autorenhut trage, kann ich der Einschätzung meiner Freundin nur beipflichten: Die Maßnahmen zur Eindämmung des Virus führen – von einem dramaturgischen Standpunkt aus gesehen – dazu, dass Menschen, die zu-

109

sammenleben und sich bisher gekonnt aus dem Weg gegangen sind, sich nun nicht mehr aus dem Weg gehen können.

Die ersten Folgen von Corona zeigen sich schnell: Ich bekomme täglich Anfragen von Freunden und Bekannten, ob ich einen guten Scheidungsanwalt kenne. Social Distancing – läuft.
Dies ist ernüchternd, gleichzeitig beweist es, dass Corona eine konfliktreiche Ausgangssituation hergibt für ein Buch, ein Stück oder einen Film. Immer wenn ich bei einer Straßenbahnhaltestelle vorbeigehe, die Durchsage höre: „Aufgrund der geänderten Gesundheitslage ersuchen wir Sie, regelmäßig Ihre Hände zu waschen.", denke ich mir: „Dieses Dystopie-Drehbuch, in dem ich nun lebe, nutzt seine Schauplätze aber sehr gekonnt für Zwecke der Exposition."

Demnächst also in Ihrem Heimkino: „Dr. Corona oder: Wie ich lernte, die Kollateralschäden an der Gesellschaft zu lieben"

Bringe ich meine eigene Geschichte ins Spiel, gestaltet sich die konfliktreiche Ausgangssituation wie folgt: Ende Februar 2020 schreibe ich die Erstfassung meines Debütromas fertig. Das Manuskript ruht nur ein Wochenende lang. Sehr schnell wird mir klar, was ich wie ändern will. Also beginne ich gleich am Montag mit der Überarbeitung. Mitten in diesen Überarbeitungsprozess fallen dann die Ausgangsbeschränkungen.

Es gibt keinen Kindergarten mehr, dafür mehr Aufwand in meiner Erwerbsarbeit als Arbeitsrechtler und am Ende jedes langen Tages keinen

Kopf mehr, um auch nur einen Satz zu überarbeiten.
Es war vorher ein Kampf, dieses Buch zu schreiben, und es bleibt ein Kampf. Nur war es bislang ein Kampf gegen mich selbst, mittlerweile ist es ein Kampf gegen die Situation, aber damit gleichzeitig auch gegen die Menschen, welche die Bedingungen dieser Situation verstärken – kurz gesagt: ein Kampf gegen meine eigene Familie.

Ich wünsche mir ein Goldfischgedächtnis: Morgens aufwachen – „Ach, heute zuhause bleiben? Wie schön." – abends schlafen gehen und morgens aufwachen – „Ach, heute zuhause bleiben? Wie schön." – usw. usw.

Vielleicht kann ich so wenigstens einen Corona-Roman schreiben, weil dann könnte ich wie ein Schriftführer in einem Gerichtsprozess arbeiten, der einfach nur niederschreibt, was um ihn herum geschieht oder von anderen gesagt wird, aber sonst nichts weiter reflektieren muss.

„Ihre Blicke trafen sich im Supermarkt. Sie trug Maske, er auch. Sie waren die Einzigen, denen Corona-Eindämmung etwas bedeutete. Er lächelte, sie lächelte – was er nicht an ihrem Mund erkannte, sondern am Leuchten ihrer Augen."
Auch so könnte mein Corona-Roman beginnen, aber wie sollte es weitergehen – was wäre der ultimative Liebesbeweis? Die eigene Hand in eine andere, geliebte Hand zu legen, ganz ohne gründliche Desinfektion?
Der Arbeitstitel dieses Romans lautet „Hasengitter und Heiratsmaterial".

Einen Roman zu schreiben, heißt, ein hehres Ziel zu verfolgen, aber eben jene Verfolgung eines hehren Ziels, die darin besteht, dass ich mich entfernen muss, führt auch dazu, dass es den Menschen in meinem Umfeld nicht so gut geht, wie es ihnen gehen könnte.

Es ist vielleicht immer so, also auch unter normalen Umständen, dass ich mich als Autor von meiner Familie in der einen oder anderen Form wegbegeben muss. Genau das wird aber kritisch, wenn ich mich nicht wegbegeben darf oder wegbegeben kann. So wie eben jetzt.

Wir leben in einer Welt ohne Spielplätze. Eine Welt also, in der die Kinder sich anderen Kindern nicht nähern dürfen, obwohl sie das gerne wollen, aber nicht verstehen, warum das gerade nicht möglich ist.

Also gehe ich vormittags mit den Kindern nach draußen und spaziere irgendwohin: Die Kinder haben ihre Geburtstagskronen auf, die sie sich beim Frühstück unbedingt aufsetzen wollten. Meine Freundin, die aus Triest stammt, hat ihnen das italienische Wort dafür beigebracht. Nun gehe ich also durch die Stadt mit zwei Kindern, die „Corona! Corona!" rufen. Alles ist wunderbar. Von Geburtstagen habe ich sowieso bald mehr als genug. An meinem eigenen Geburtstag singe ich beim Händewaschen drei Mal „Happy Birthday" – zwei Mal gegen das Coronavirus und ein Mal für mich.

Genauso sollte mein Corona-Roman beginnen, würde ich einen schreiben:
„Das Händeschütteln ist zurück, ich habe es nicht vermisst."

Ich fühle mich fit genug, um zu schreiben, denn ich lebe nun gesünder: Statt zwei Tassen Kaffee trinke ich am Tag nun eine Tasse Bourbon.

Es wird Zeit, endlich wieder etwas zu unternehmen – mein erster Romansatz könnte auch sein: „Lasst uns alle um die Schreibtische ziehen!" Der Arbeitstitel des Romans lautet „Das Treffen der alkoholischen Anonymiker".

Der Grund, warum ich trotzdem keinen Corona-Roman schreiben werde, ist vielleicht, weil mir das Szenario immer noch unklar ist, weil ich nicht weiß, wer in unserer Zeit der Gute oder der Böse ist, oder, ob es überhaupt einen Guten oder Bösen gibt. Und, selbst wenn ich es wüsste, wäre immer noch nicht klar, ob sich überhaupt jemals etwas ändern wird, ob irgendjemand etwas Sinnvolles aus der Coronazeit gelernt hat oder lernen wird. Ich weiß auch nicht, wie die Probleme und die Konflikte, die sich laut meiner Freundin verzehnfachen, zu bewältigen sind, und, wie der Wahnsinn, der sich steigert, geheilt werden kann. Vielleicht sollte ich lieber Musik machen: Wenn ich eine Band haben sollte, ist mir ihr Name eingefallen. Die Band heißt: „The Sadistic Statistics".

Ich befürchte auch, dass der Roman, den ich einfach nicht fertig überarbeiten kann, in der Post-Corona-Welt nicht mehr verlagsfähig sein wird, weil dann nur noch Romane über Kontaktverbote, Ausgangssperren und Pandemien für verkaufsfähig gehalten werden. Corona-Romane eben.

Am Küchentisch streiten meine Kinder um Buntstifte. Auf dem Smartphone streiten zwei Kolle-

gen um die Auslegung der Kurzarbeitsrichtlinie.
Und ich mittendrin.

Warum ich keinen Corona-Roman schreibe, hat
den gleichen Grund, warum es mir schwerfällt,
meinen ersten Roman fertig zu überarbeiten.
Ich lebe den Corona-Roman, deshalb kann ich
kein Schriftsteller sein, ja, nicht einmal ein Schriftführer, der mitprotokolliert. Ich habe alle Hände
voll zu tun, und nicht lange genug auch nur eine
Hand frei, um irgendetwas niederzuschreiben.
Außer das hier.

Verschont

Meine Frage löst einen Dammbruch aus.

Verenas Augen füllen sich mit Tränen; Tränen, die sich mit der Entschlossenheit einer Bergquelle den Weg ans Licht bahnen. Verena lässt ihrem Weinen freien Lauf; zu überraschend ist dieser Ausbruch, um noch weggeblinzelt werden zu können, zu erschöpft sind ihre Hände, um sie noch vors Gesicht zu schlagen, zu erlösend dieses Strömen, um ihm Einhalt zu gebieten.

Verena weint.

Ein bisher nie gesehenes Weinen, das nur an den Augen zu erkennen ist. Die blaue Standardmaske verbirgt die untere Gesichtshälfte, die bebenden Lippen, das zitternde Kinn.

Ich sitze ihr gegenüber, hinter meinem Schreibtisch, und fühle mich machtlos. Auch ich trage eine Maske, sie verdeckt vorerst meine Betroffenheit darüber, diese starke Frau weinen zu sehen; der dichte Stoff dämmt noch zusätzlich meine wenigen gemurmelten Worte, die uns als erster Trost zu Hilfe kommen wollen. Zwischen uns klafft der Abgrund des empfohlenen Abstands.

Die Tränen wollen nicht versiegen, überströmen den Rand der Augenlider, durchdringen und tränken den Maskenstoff, rütteln an Verenas Schultern, lassen ihren Rücken erbeben und die Hände und Finger knetende, suchende Bewegungen machen. Schließlich löst sie den durchnässten Mund-Nasenschutz vom Gesicht und sitzt mir als unmaskierte Verzweiflung gegenüber.

Jetzt kann und will auch ich mich nicht mehr hinter meinem Schreibtisch, hinter meiner Maske verschanzen. Etwas Starkes drängt mich dazu, dieses Zerfließen anzuhalten, zusammenzuhalten. Ich umarme die Bebende, flüstere beruhigende Worte, streichle den zuckenden Rücken. Der Körperkontakt wirkt, allmählich verebben die Schluchzer, Verena strafft sich und nun finden auch die Worte ihren Weg zwischen uns.

Lange zurückgehaltene Worte und Sorgen, über das für Alleinerziehende schon hohe Maß an zu ertragenden Lasten hinaus: ihre Kündigung gleich zu Beginn des Lockdown, ihre seit März andauernde Arbeitslosigkeit trotz zahlreicher Bewerbungsschreiben, die Schulschwierigkeiten der Kinder, die angespannte finanzielle Lage. Über den Bogen ihres Kummers spannt sich mein Mitgefühl zu ihr hin, mein Zuhören wird nur durch einzelne Laute des Verständnisses unterbrochen. Jede aufgezählte Bürde füllt das Maß der Verzweiflung vor meinem inneren Auge und lässt gleichzeitig meine anteilnehmenden Worte verdorren.

Und dann trocknet mein Mund wirklich aus: als sie mir am Ende mitteilt, dass sie sich wahrscheinlich morgen einem COVID-Test unterziehen muss.

Und ich hab sie soeben umarmt – ohne Schutz.

Wie ein überspanntes Gummiband schnellt mein Mitgefühl zu mir zurück. Mein Erschrecken, mein Erstarren, meine Abwehrhaltung – Verena merkt es sofort. Wir starren uns an. Wir überschlagen die Dauer und das Ausmaß unserer Nähe, greifen wieder zu unseren Masken und bedecken unsere Gesichter. Nicht ohne ein aufmunterndes „Wird schon nichts sein!". Wird schon keine Folgen haben, hoffen wir, unser Verhalten, unser Versäumnis, unser Vergehen.

Diese Hoffnung ist es auch, die mich die nächste Unvorsichtigkeit begehen lässt. Wir haben unseren Enkeln für diesen Nachmittag einen gemeinsamen Ausflug versprochen und die Vorfreude drauf verwirft die aufkommenden Bedenken. Erst am Abend, nach der vergnügten Zeit mit den Kindern, melden sich Schuldgefühle bei mir. Wieder und wieder spiele ich die Situation in Gedanken und auch im Gespräch mit meinem Mann durch. Ich falle in einen unruhigen Schlaf.

Am nächsten Morgen beginnt die Zeit des Wartens.

Nach so vielen Monaten des richtigen Verhaltens, der Aufklärung, der persönlichen Abwehrmaßnahmen betrete ich Neuland. Bisher war ich Zuseherin, Leserin der Sensationsmeldungen, Verbreiterin von Beruhigung und Sachlichkeit. Nun bin ich mittendrin, ein vor Sorge glühendes Zentrum. In mir wirbelt es, Eruptionen gleich springt meine Besorgnis in alle Richtungen: Krankheitsverdacht, Ansteckung anderer, moralische Verurteilung, unser eventuell abzusagender Urlaub, meine Sorglosigkeit. Das ständige Gedankenkreisen lässt mich körperliche Symptome spüren – erste Anzeichen der Krankheit? Ein angespannter Nacken, ein leichter Kopfschmerz, ein Hustenreiz, alles trägt zu meiner Beunruhigung bei.

Warum dauert denn diese Testauswertung so lange?

Parallel zu den abwehrsteigernden Maßnahmen wie Gurgeln und Virenabwehrtee aktiviere ich mein positives Denken. Ich bin gesund und robust, bestätige ich mir selbst. Und vor allem: es kann und darf nicht sein, dass das Virus diese Situation, so intensiv sie war, zur Verbreitung ausnützt. Wie durch einen Kokon aus menschlicher Wärme fühle ich mich geschützt; wie durch ein Abwehrschild aus Anteilnahme und geschenkter Nähe. Ich spreche dem Virus die Macht ab, diesen meinen Schutzschirm zu durchdringen. Ein ruhiger Schlaf beendet diesen aufwühlenden Tag.

Am nächsten Mittag befreit mich die Nachricht: Verena ist und war nicht ansteckend.

Ich wurde verschont!

SUPERSPREADER

0	[*MELODIE ohne Refraintext – 2x*] *AHA*
1	Mein Leben, das war langweilig
	Ich hab's zu nix gebracht.
	Büüro-Büüro-Uurlaub-Büüro-Urlaub-Büro-*Alkohol*!
	Büüro-Büüro-Bettgeschichten-Büro-Aaktien-*Fiinanzkriise*!
	Büro-Büro-*Familiiie*-Büro-Facebook-Hasskommentare *Ouhhhh*
Z	Doch jetzt werd' ich …
R	SUPERSPREADER – *O-O-O* –
	SUPERSPREADER – *O-O*
	SUPERSPREADER – *is'n ditte?* –
	SUPERSPREADER – *HEY-HEY*
2	Vor Ehrgeiz hab ich nie gesprüht
	Versprüh statt Charme jetzt VIREN *auuu*
	Jetzt werd' ich, was ich niemals war – ich werd' bedeutungsvoll
	Ich werd' ein Star, holt mich hier raus, das wär so toll!
Z	Denn ich bin ein
R	SUPERSPREADER – *O-O-O* –
	SUPERSPREADER – *O-O*
	SUPERSPREADER – *geefährrlich* –
	SUPERSPREADER – *HEY-HEY*
	SUPERSPREADER – *O-O-O* –
	SUPERSPREADER – *wei-wei*
3	Passt jetzt auf, jetzt wird's gefährlich
	Viiiele Menschen gehen drauf
	Wenn ICH erst ins Freie komme
	Deshalb rat ich
	Bleiben Sie zu Haus

Shutdown, lockdown, COORONAA,
Telko, Zoom und Homeoffice,
Klopapier, Garten, Deutschlandurlaub,
Quarantäne, PSA,
Mundschutz, Visier, Plexiglas,
RKI, FFP, Abstand und Hygiene –
Meint ihr denn, das nützt noch was?

Z wenn ICH erst komme …
Euer

R SUPERSPREADER – U-U-U –
SUPERSPREADER – HEY-HEY
SUPERSPREADER – brandgefährlich! –
SUPERSPREADER – EY-EY

4 Ach was tu ich, um's zu werden
JA, ich wäre es so gerne!
Wochenmärkte, Gottesdienst,
Mooooscheen (süüper!), Fleischfabriiiken
(ii!), Spanienreise, Hasenheide,
Erntehelfer, Flüchtlingsheim.
Schweife nicht mehr in die Ferne
Denn das Gute ist so nah!
Chorgesang und Blasorchester,
Schachturniere, Cinema,
Corona-Partys, Kreuzfahrtschiffe
Hygienekonzepte? Ach naja …
Fahre UUU-Bahn, geh zur Demo,
natürlich gegen Cooronaa,
Weltverschwörer, Bolsonaro,
Lukaschenko, Trump und Tönnies,
all das wird mir sicher nützen

Z auf dem Weg zum …

R SUPERSPREADER – O-O-O –
SUPERSPREADER – A-HA
SUPERSPREADER – unverdrosten! –
SUPERSPREADER – oh ja

5	Anders als in meinem Leben
	bin ich dann mal positiv.
	Und bei all dem sehr gefährlich,
	unerkannt und porentief kreativ,
	progressiv aatmungsaktiv!
Z	Doch ich frag' mich – Superspreader:
	Kann man/frau das denn so saaagen?
6	Superspreaderinnen und Superspreader
	Superspreadende, Superspreader_in?
	(Natürlich mit Sternchen, macht
	man/frau doch so. Heutzutage)
Z	Also gegendert wird das dann wohl
	nichts mit dem …
R	SUPERSPREADER – O-O-O –
	SUPERSPREADER – O-O
	SUPERSPREADER – Mh-Mh-Mh –
	SUPERSPREADER – HEY-HEY
7	Ja, ich bin wohl doch zu Mainstream,
	mache, was man mir so sagt
	trage Mundschutz, halte Abstand,
	wasch die Hände – jede halbe Stunde!
	Beatmung wär mir zu gewagt
Z	[leise] Und dann auch noch
	Riiisikoblutgruppe … nicht, dass ich
	Schiss bekäme, aber …
R² [singen]	
	Suuuperspreader,
	ach was soll das
	Suuuperspreader – oh, oh
	Superspreader
	viiiel zu Englisch
	Superspreader-
	Oh nooo!!
Z	Suuuuperspreddaa, versteht ja eh
	niemand …
	Na dann werd' ich eben …

R³   INFLUENCER – wou-wou-wou
       INFLUENCER – na klar! –
       INFLUENCER – das wär was! –
       INFLUENCER –
                        oder STAR!

Norbert Leitgeb

Heimsuchung

Was, Pandamie? Schrecklich! Na ja, ich hab' die
Viecher ja noch nie gemocht. Schaun so lieb wie
Teddybären, aber in Wirklichkeit, frage nicht!
Aber so sind halt die Chinesen, weiß man ja. Was?
Keine Bären? Pandemie? Aus China? Eben. Sag
ich doch!
Corona ist schuld? Eine Heimsuchung! Angeblich.
Aber eine Altersheim-Suchung. Was geht das dann
mich an? Aber schrecklich ist es schon. All die ar-
men Alten! Nun sterben sie am Corona. Bedauer-
lich. Doch im Grund ja auch selber schuld. Der
Alkohol ist eben ein Hund. Sollen halt nicht so
viel saufen! Vor allem, wenn sie nichts vertragen.
Sterben im Suff! Wenigstens ein schöner Tod. Na,
ich hab' da ja kein Problem, aber schon gar keines.
Noch dazu, wo ich doch gar kein mexikanisches
Bier trinke. Nur Gösser oder Reininghaus. Da bin
ich Patriot. Man muss doch was für sein Land tun,
nicht wahr?
Was, kein Bier? Ein Virus? COVID 19? Komisch.
Klingt wie ein WC-Reiniger. Aber zum Glück sterben ja nur die Alten. Und die sind ja eh schon alt
genug. Bei denen kommt es auf ein paar Jahre
mehr oder weniger doch ohnedies nicht mehr an,
nicht wahr? Wo ist also das Problem? Eben!
Na, gut, die Angst. Zugegeben, vor Angst gestorben, ist auch tot. Am Beginn haben sie sich ja vor
Angst in die Hose gemacht, frage nicht. Deshalb
ja der irre Ansturm auf das Klopapier. Und
gehamstert haben sie, was das Zeug hält! Bist du
deppert, hab ich damals gelacht.

Aber nun ist Schluss mit lustig. Krise. Abstand halten. Babyelefant. So ein Mist. Das ist ja weiter als meine Armreichweite! Wie soll ich denn da noch an die Frauen? Ist doch unfair. Was heißt Grapschen? #MeToo? Eben, sag ich ja. Ich will doch auch! Zählt das denn gar nicht?

Und nun auch noch die Fratzengardine. Was für eine Schnapsidee! Schwitzen und schnaufen. Und dazu tappt man auch noch wie im Novembernebel daher, weil die Brille ständig beschlägt. Schrecklich! Na, gut, ganz so schrecklich auch wieder nicht. Denn die Gesichtswindel hat auch ihre Vorteile. So ehrlich muss man schon sein. Für manche jedenfalls. Eigentlich für viele. Denn die schauen damit gleich viel besser aus, keine Frage. Wo doch so oft das Gesicht nicht hält, was der Hintern verspricht. Aber warum dann alle? Und vor allem – warum ich?

Denn eine Zumutung sind sie schon, die Maultaschen. Und ein Ärgernis. Zuerst das große Gezeter wegen Nikab und Burka. Von wegen Untergang des Abendlandes und so. Dann endlich das Verhüllungsverbot – und jetzt das Gegenteil. Typisch Wendehalspolitik!

Nun trägt jeder den Pappendeckel und lässt nur mehr die Augen sprechen. Was heißt Augen? Angstumflorte Kummerglubscher! Aber ich trage ihn ja nicht. Das brauche ich nicht. Ich bin ja vom Prinzip geschützt. Vom Naturprinzip. Denn der Stärkere setzt sich durch! Und das bin ich. Die anderen haben eben Pech. Im Grund auch gar nicht so schlecht, so ein Bevölkerungs-Kehraus. Das ist eben Auslese. Hat sich ja bereits beim Wein bewährt. Bestens sogar.

Was heißt, Goschendeckel, um andere zu schützen? Was gehen mich die anderen an? Außerdem,

die Weicheier tragen ja ohnedies den Schnauzen-
lappen. Das reicht doch!

Doch brutal ist die Krise schon, aber hallo! Haus-
arrest. Kneipen zu. Stammtischsperre. Schrecklich!
Alkohol nur noch in der eigenen Wüstenei. Einsam. Nur die Flasche und du. Eine Tragödie. Da
bekommt der „Single Malt" gleich eine ziemlich
triste Bedeutung. Deprimierend. Noch dazu, wenn
dann die promilligen Gehstörungen den Nach-
schub behindern. Ein schweres Los!
Na, gut, Nachbarschaftshilfe. Die hat's zwar gegeben. Wenigstens das. Zum Glück. War ja schulfrei.
Aber wie viele Kisten Bier kann so ein Gschrapp
schon schleppen? Eben. Der gute Wille allein ist ja
oft zu wenig. Eine Katastrophe!
Was heißt, ein Klacks im Vergleich zu früher? Erster Weltkrieg, Geldentwertung, Weltwirtschaftskri-
se, zweiter Weltkrieg? Ist doch Schnee von vorgestern! Was geht mich die Vergangenheit an? Ich lebe jetzt und hier – und da leide ich auch. Und gar
nicht wenig. Lockdown! Nur noch Grundversor-
gung – aber trotzdem Laufhäuser zu! Eine Frech-
heit. Als ob die nicht auch ein Grundbedürfnis de-
cken! Was soll denn das? Wie leben denn die Leute? Dazu auch noch Fußballplatz-Sperre. Urlaub
am Meer ein maskenballisches Fiasko. Grenzen
dicht. Flugzeuge am Boden – und Erotik auf den
Philippinen zu vergessen. Ist das ein Leben?
Eben, sag ich ja. Die Beschränkungen sind doch
reine Schikane! Spaßvermiesung, Lustentzug, Frei-
heitsberaubung – und wozu? Wegen ein paar läp-
pischen Kollateraltoten? Eine Zumutung! Was
heißt, wir können Corona? Im Gegenteil, Corona
kann mich! Drum her mit der Freiheit! Ich be-

stehe auf meinem Bespaßungsrecht! No Risk, no Fun! Spaß ist geil. Das Leben ist ein Spiel!

Was heißt vorübergehend? Was nützt es mir, wenn dann in einigen Jahren alles wieder vorbei ist? Ich will jetzt das Leben genießen. Ich stehe jetzt in Saft, jetzt! Man muss doch das Eisen schmieden, solange der Hammer noch ein Hammer ist, nicht wahr? Wein, Weib und Gesang, wenn sie wissen, was ich meine. Ich könnte - und kann nicht. Das heißt, ich kann schon, aber ich darf nicht, das ist es ja.

Und in ein paar Jahren, wenn ich dann selbst am Rollator dahinzuckle, heißt es gar, zum Glück sterben ja nur die Alten. Die sind ja ohnedies schon alt genug. Bei denen kommt es auf ein paar Jahre mehr oder weniger doch eh nicht mehr an!

Lauter Egoisten. Denken nur an sich.

Keiner denkt an mich.

Also, ich finde das ungerecht!

Hinübergehen

Hartes Warten.
Kein Begleiten.
Stilles Gehen.
Allein.
Liebste fehlen.
Daheim weinen sie auch.
Sie fragen und klagen.
Kein Abschiednehmen erlaubt.
Das tut so weh.

Wenn man trotzdem lacht

Wenn uns später mal jemand fragt, wie das denn gewesen sei mit dieser Coronakrise im Frühjahr 2020, was werden wir da antworten? Sofern man selbst nicht am Virus erkrankte und auch nicht zu den Systemerhaltern gehörte, sondern die einzig zu vollbringende Heldentat darin bestand, zu Hause zu bleiben, werden wir antworten können: „Ja, es ist aufregend gewesen, das Ganze war unfassbar und irgendwie ‚strange‘, aber fad wurde uns nie."

Vielleicht werden wir antworten, dass die ersten Tage geprägt waren vom ungläubigen Starren auf den Fernseher, dem nervösen Checken der Nachrichten auf sämtlichen Kanälen und dem mulmigen Gefühl in der Magengegend aufgrund der Sorge, was die kommenden Wochen wohl bringen würden. Rasch wollte man noch das Nötigste besorgen, was so ein Supermarkt hergab, bevor man sich – so wie es von einem gefordert wurde – brav zu Hause verbarrikadierte. Da hatte man die Rechnung aber ohne die Hamsterkäufer gemacht, die in rauen Mengen horteten, was die anderen unbedingt für sich beanspruchen wollten: Teigwaren und WC-Utensilien, um nicht die Unwörter des Jahres zu strapazieren.

Bei vielen zum Home Office Verurteilten gesellte sich zur allgemeinen Verunsicherung vielleicht sogar eine heimliche Freude über die staatlich verordnete Distanz zu ohnehin unliebsamen Weggefährten hinzu. Das böse Erwachen erlebten die gesunden Daheimbleiber allerdings, als die ebenso zu Home Schooling verdonnerten Mitbewohner mit erblichem Hintergrund Computer und Laptop für sich beanspruchten, ohne jedoch mit dem notwendigen Wissen ausgestattet zu sein, diese auch angemessen bedienen zu können. Zur besonderen Herausforderung wurde die Bespaßung der Nachkommen, wenn sich eines oder gar mehrere davon in der pubertären Phase oder auf dem besten Weg dorthin befanden.

Doch natürlich war dies Jammern auf hohem Niveau in Anbetracht der Leistungen, die andere vollbringen mussten. So konnten wir Nesthocker neben all der Schockmomente, die uns via Medien stündlich ins Eigenheim geliefert wurden und die uns an die Endlichkeit der menschlichen Existenz erinnerten, der neuen Situation durchaus etwas Positives abgewinnen. Da fingen Kinder an, wieder freiwillig Klavier zu spielen, das Geschirr wegzuräumen oder gar zu kochen, während sich die Erwachsenen auf Balkonen die Seele aus dem Leibe sangen. Zudem tätigten sie lange aufgeschobene Reparatur- oder Reinigungsarbeiten in den eigenen vier Wänden. Dazu kamen sie aber nicht so oft, mussten sie sich doch die witzigen Bildchen und Videos anschauen, die man unter der Hand an Freunde verschickte, um sich in dieser schwierigen Lebenslage gegenseitig aufzuheitern. Was also werden wir antworten, wenn wir einmal gefragt werden, wie das so gewesen sei? Jeder wahrscheinlich das, was ihm oder ihr wichtig erscheint, doch eines werden wohl viele sagen: Dass man gar nicht so viel zum Leben brauche, wie man immer geglaubt habe, Familie, Freunde und Pasta, ja sicher, vor allem aber: Humor

Christian Lange-Hausstein

Je nachdem, wessen Stelle man meint

Genau um 6:55 Uhr kam Gali nach Hause. 6:55 Uhr minus 20 Minuten Fahrtweg minus 10 Minuten Umziehen ergab das Ende ihrer Nachtschicht: 6:25 Uhr.

Es war kurz nach sieben, als Gali aus der Dusche stieg. Doron bat Gali, sich neben ihn zu setzten. Doron wollte Galis Schichten im Kreißsaal der nächsten Wochen besprechen.

„Mach schnell", sagte Gali. „Ich will ins Bett." Die Zwillinge waren noch vor sechs wach geworden. Doron hatte in der Zwischenzeit die Küche und das Wohnzimmer aufgeräumt. Er hatte währenddessen die Vorstellung gehabt, Gali würde nach Hause kommen und, „Oh, schön", sagen. Aber sie hatte nicht mal „Guten Morgen" gesagt. Er hatte den Streit von gestern Abend vergessen.

„Was bedeutet, du hast nächste Woche Frühschicht?", fragte Doron in säuseligem Ton.

„Hm?", fragte Gali.

„Ich meine von der Zeit her."

„Ich gehe nächste Woche um 5:55 Uhr in den Kreißsaal und bin um 15:25 Uhr wieder hier", sagte Gali genervt. Die Haut um ihre Augen war schwarz. In der Nacht hatten vier Frauen entbunden.

„Aber das heißt ja ...", sagte Doron, „... dass ich frühestens ab 15:30 Uhr arbeiten kann". Und es klang, als würde er sich Hoffnung machen, ihre Antwort abschwächen zu können.

Aber Gali sagte nur, „So ist es."

Es waren eigentlich nur drei Drittel, die Dorons Tage hatten. Den Vormittag, den Nachmittag, die Nacht. Und trotzdem, dachte Doron, muss ich jeden Tag oder war es jede Nacht, alles wieder von vorne durchgehen.

„Wie, *so ist es*? Und dann soll ich um 15:30 Uhr anfangen zu arbeiten? Bis … bis 23:30 Uhr?"
„Meine Schichten sind im Schichtplan eingeteilt, wie sie eingeteilt sind."
„Ja, und meine Arbeit? Diese Woche ist ja schon Horror. Und bei den Frühschichten nächste Woche soll ich erst ab 15:30 Uhr arbeiten können? Und das, nachdem ich ab halb sechs die Zwillinge … beaufsichtige? – Ich meine, ich bin Texter, ich muss denken. Ich muss kreativ sein. Das ist mein Job."
„Es sind auch deine Kinder. Und was soll ich den Kolleginnen sagen", sagte Gali. „Die haben auch Kinder und deren Kitas sind auch zu."
„Und ich habe keine Kollegen, die mit mir sprechen müssen?"
„Du hast letzte Woche gesagt, du bist flexibel. Die Agentur trägt acht Stunden pro Tag in die Zeiterfassung ein, ohne zu kontrollieren. Du kannst arbeiten, wann du willst."
„Und wann soll ich die Videokonferenzen einplanen? Nachts? Ich muss doch erreichbar sein. Erreichbarkeit für die Kollegen und die Kunden ist alles." Und dann machte Doron eine Pause. – „Es geht mir auf den Sack, dass du deine Arbeit als gesetzt siehst und ich mich außenrum organisieren soll."
„Mein Job ist systemrelevant – und fertig. Damit musst du klarkommen." Und dann sagte Gali, wie häufiger, seit die Kita geschlossen war, „Wie

konnte ich mich nur so sehr in dir täuschen." Sie
stand auf und ging ins Bett.

Dorons Handy piepte. Die Apotheke schrieb: „Ihre Medikamente liegen ab 9 Uhr zur Abholung
bereit." Er machte die Zwillinge fertig. Sie schliefen schon auf den ersten Metern im Kinderwagen
ein, sodass sie nicht, wie üblich, um 11 Uhr Vor-
mittagsschlaf machen würden und Doron sich
nicht würde neben sie legen können. Auf dem
Rückweg wurden die Zwillinge wach. Zu Hause
aßen sie Risotto und sagten in einer Weise, die
Doron berührte, fast gleichzeitig, „Danke Papa."
Dabei hatte Gali das Essen gestern Abend vor
dem Losgehen gemacht und er es jetzt nur aufge-
wärmt.

Gali stand um 12:30 Uhr auf und übernahm die
Zwillinge. Doron schloss die Schlafzimmertür ab
und setzte sich an den Schreibtisch. 112 E-Mails
waren eingegangen, nachdem er gestern um Mit-
ternacht den Computer zugeklappt hatte. Die
meisten cc. Jemand aus dem Parallel-Team hatte
ihm eine Videokonferenz mit dem Betreff „Eilt:
Texte für Online-Kampagne" für 13 Uhr in den
Kalender eingestellt.
Doron konnte sich nicht konzentrieren. Er
schrieb Gali eine WhatsApp. „Ich habe gesund-
heitliche Probleme und kann nicht darüber sprechen, weil du nur den Schluss daraus ziehen wür-
dest, dass ich dein Gegner bin."
„Was soll ich mit dieser Info?", schrieb sie zurück.
Aber er wusste es selbst nicht. „Ich habe Angst
davor, dass du dich in der Arbeit ansteckst und
dann mich ansteckst", schrieb er. „Ich fände es
ungerecht, wenn ich sterbe, weil deine Patienten

sich nicht an die Regeln halten." Aber er spürte schon, er wollte nicht wirklich nur das sagen. Und dann fügte er in dem Ton, den sie nach der Paartherapie eine Weile lang beibehalten hatten, an, „Dann empfinde ich auch Wut."

Sie schrieb, „Entbindende sind keine Patienten". Und kurz darauf, „Aber ich kann deine Wut verstehen."

Doron hörte Gali hinter der Schlafzimmertür nach den Zwillingen rufen. Dann kam ihre nächste WhatsApp.

„Panik und Wut ist mehr als verständlich."

Und dann ärgerte er sich. „Sind", zischte er. „Sind verständlich". Aber dieses Verständnis war nicht das, was er mit den Argumenten „Erreichbarkeit" und „Gesundheit" von ihr wollte.

Dann begann die Videokonferenz. Gali schrieb noch etwas. Er wollte es lesen und antworten. Er konnte das Handy aber nicht so halten, dass es die anderen Teilnehmer der Videokonferenz nicht sahen. Der Kunde wolle bis 21 Uhr die Ergebnisse sehen. Das sei die Deadline. Sie sollten die Stimmung in der Gesellschaft einfangen und das Wort „gemeinsam" solle in dem Claim vorkommen. „Warm", „verbunden", „zusammenhalten", solle die Kampagne gefühlsmäßig auslösen. „Und bitte asapst", sagte Dorons Teamleiter, bevor er die Videokonferenz verließ.

Wenn sie lange brauchten, dachte Doron, würde er erst am Abend auf Galis WhatsApp antworten können. Wenn Gali sich schon zur Nachtschicht aufgemacht hatte. Sie würde wieder nicht antworten, stundenlang, wie gestern nach dem Streit.

Vier Entbindungen – wie auch? Und dann würde es wieder 6:55 Uhr sein. Ohne Lösung.

Da unterbrach ein Kollege Dorons Gedanken. „Ich meine ...", sagte er, „... was ich gerade so mega finde, ist, wie das Virus alle zusammenschweißt. Diese ganze weltmäßige Gleichzeitigkeit, in der alle zur selben Zeit vor demselben Virus Angst haben. Diese gemeinsame Ehrfurcht. Dieses gemeinsame Staunen, wow, überwältigend, und alles komplett parallel."

Die Stimme des Kollegen war schnell dumpf geworden in Dorons Kopf. Wie wenn man auf dem Strand liegt, direkt auf dem Sand und sich in der Nähe jemand unterhält. Wie das Schwappen vieler kleiner Wellen schoben sich die Laute sanft und ohne den Anspruch auf Geltung immer wieder zwischen seine Gedanken. Wie sehr diese kleinste Einheit der Gesellschaft, seine Ehe, seine Beziehung, mit dem versetzten Gespräch, das Gali und er jetzt wieder über WhatsApp führen würden, wie sehr sie beide dieser weltmäßigen Gleichzeitigkeit eine eigenartig asynchrone Art des Miteinanders gegenüber stellten. Nur weil die Kita zu hatte. Keine fünf Meter Luftlinie war Gali in diesem Moment von ihm entfernt. Gerade dort, wo die größte Nähe war, waren die Abstände am weitesten.

Sie wurden kurz nach der Deadline fertig. Doron kam aus dem Schlafzimmer, als Gali gerade ihre Jacke überzog, in die Knie ging und zu den Zwillingen sagte, „Krieg ich noch einen Kuss?" „Nein Mama, nicht gehen", sagten die Zwillinge. Dann begannen sie zu weinen. Doron sagte zu

Gali, „Geh einfach, ist gleich vorbei" und Gali
sagte, „Danke, haltet durch."
Erreichbarkeit, Gesundheit. Womit konnte er
noch begründen, dass sie bleiben sollte. Er schob
die Wohnungstür hinter ihr zu und sie sah noch in
seinem Blick, dass er eigentlich gar keine Probleme hatte, ihre Schichten zu verstehen. Sondern
dass er die ganze Zeit nur hatte sagen wollen, dass
sie zu Hause bleiben sollte. Er zögerte. Aber sie
drehte sich weg.
„Ich muss."
Kinder zur Welt bringen.
Oder ins Bett.
Je nachdem, wessen Stelle man meint.

Karin Brendel

Reflexionen in Zeiten von Corona

Um 8 Uhr morgens rufe ich beim Bürgertelefon
an. Meine Corona-Warn-App zeigt rot, ich möchte
mich testen lassen. Voller Skepsis gegenüber büro-
kratischen Prozessen hänge ich in der Warteschlei-
fe, doch dann die erste positive Überraschung:
Keine Diskussion, keine Einschränkungen, kein
„Nur auf eigene Kosten", sondern der freundliche, effiziente Hinweis, ab 9 Uhr im Gesundheitsamt beim Infektionsschutzzentrum 3 vorstellig zu
werden. Mir rauschen Bilder von Menschen in
Schutzkleidung aus E.T. und Katastrophenfilmen
durch den Kopf, während ich schnell dusche und
mich beeile loszufahren – in der naiven Hoffnung,
am Montagmorgen um 9 Uhr ohne Wartezeit zum
Testen zu kommen.

Ich finde sogar einen Parkplatz im Stadtzentrum
und mache mich auf den Weg zum Gesundheitsamt. Da steht eine kleine Traube höchst unterschiedlicher Leute, alle mit vorbildlich sitzender
Mund-Nase-Bedeckung vor der Einfahrt zum
Hinterhof des Gesundheitsamtes: 5 vor 9 am Infektionsschutzzentrum 3. Um Punkt 9 Uhr wird
der Türsteher aktiv und ordnet die Traube in eine
Schlange. Keine Markierungen am Boden. Hält
die Dame hinter mir wirklich die 1,5 Meter Mindestabstand ein? Ich bleibe natürlich weit hinter
der Vorderfrau. Ich denke an die armen Ladenbe-
sitzer der indischen Designer-Boutique, vor deren
Fenster sich die Schlange aufreiht. Laufkundschaft
wird aus der Warteschlange wohl eher nicht – ob

sich die Stammkunden von den potenziell Infizierten, die hier aufgereiht sind, abschrecken lassen?

Wie immer und überall schauen die Wartenden in ihre Smartphones. Eine komische Stimmung, leicht verkrampft, jede und jeder scheint bemüht, das Erscheinen zum Test als Lappalie – vor sich selbst und allen anderen – dastehen zu lassen. Aber dicht unter der Oberfläche ist die gleichmäßige Nervosität zu spüren.

Die Schlange vor mir wird zügig kürzer, kurz vorm Zutritt zum Hinterhof mit der ersten Registrierungsstation sehe ich auf dem Bürgersteig neben mir einen großen, bereits zertretenen Hundehaufen. Mein Geruchssinn hat mich nicht gewarnt (die vor mir Wartende auch nicht) – ein Corona-Symptom? Mache ich mir jetzt mehr Sorgen um Hundescheiße unterm Schuh als um mein Testergebnis?

Der Türsteher winkt mich in den Hinterhof zur Registrierung. Ich melde mich brav an und werde gebeten, meine rote Corona-Warn-App vorzuzeigen. „Oh ja" sagt der junge Mitarbeiter vom Gesundheitsamt. Was soll das bedeuten? Sind drei Risiko-Begegnungen so schlimm? Wenigstens wird mir dann keiner Simulantentum oder Hypochondrie vorwerfen. Warum ist es wichtig, meine Anwesenheit zu rechtfertigen? Es sind doch bestimmt 40 Leute in derselben Zeit zum Testen hier. Ob die auch so mit Selbstlegitimation beschäftigt sind? Ich fülle ein Formular aus, das inhaltlich noch nicht einmal passt, irgendwas mit Corona-Anweisungen für medizinisches Personal, aber es hat Felder für meine Kontaktdaten; ich unterscheibe im Feld „Unterschrift des Vorgesetzten". Wir stehen zu dritt möglichst weit verteilt an zwei Tischen und füllen die Formulare aus. Die Nähe zu den anderen beiden Testkandidatinnen macht mich nervöser als meine Warnung aus der App.

Ich höre die nächsten Anweisungen für die beiden Damen vor mir: Ausgefülltes Formular vorlegen, Maske ab, Hände desinfizieren und neue Maske aufsetzen, mit dem Formular zur nächsten Station. Das brave kleine Mädchen in mir ist stolz, die Anweisungen schon von der vorherigen Kandidatin mitbekommen zu haben und besonders gut dazustehen. Und ich bediene den Desinfektionsspender mit dem Ellbogen statt mit der Hand, mal wieder vorbildlich. Warum ist mir eine innere Bewertung immer wichtig? Es wird keinen Preis für die vorbildlichste Corona-Test-Kandidatin geben. Mein Drang zur Bestätigung als Musterschülerin kommt immer wieder hoch, gerade in solchen Augenblicken der Anspannung, in denen es doch kaum Unwichtigeres gibt.

Nächste Station, neue Warteschlange vor dem eigentliche Testgebäude. Dieselben zwei Damen vor mir. Der Husten der Vorderfrau macht mich nervös, ich halte extra viel Abstand und bin dankbar für die großzügig gesetzten Bodenmarkierungen. Aus meiner Position in der Schlange kann ich die Pfeilmarkierungen am Boden sehen – wir werden gebeten, über die nach draußen zeigenden Pfeile ins Innere des Gebäudes zu gehen. Für meinen Drang, alles richtig zu machen, eine kleine Herausforderung.

Bei 95% Luftfeuchtigkeit und ordentlich getragener Mund-Nasen-Bedeckung ist meine Brille komplett beschlagen, die Dame im Testgebäude weist mir daher besonders sorgfältig den Weg zur nächsten Station für mich. In der Kabine beantworte ich die Routinefragen zu Kontakten, Symptomen und Vorerkrankungen und zeige meine App nochmals vor. Die Dame in der Kabine nebenan – nicht viel älter als ich, schätze ich – beantwortet die Frage nach Nutzung der Corona-App mit „Noch nicht, ich warte noch darauf, dass meine Tochter mir die installiert." Ernsthaft? Wieder eine Gelegenheit mich überlegen zu fühlen. Verständnis und Mitgefühl wären besser.

Ich bekomme mein Teststäbchen und darf weitergehen, zum völlig vermummten Tester. Meine Brille ist so vernebelt, dass ich meine Maske vorzeitig abnehmen darf, während der Tester zusätzlich zu seiner Maske ein Visier aufsetzt. Durch seine zwei Schutzbarrieren hindurch kann ich seine Erklärungen kaum verstehen. Zumindest auf die Frage nach weiteren Fragen reagiere ich nicht, habe ich nicht verstanden. Aber ich stelle nie weitere Fragen, wenn ich mich in einer Situation – so wie hier – einzig darauf konzentriere, die Anweisungen so genau wie möglich zu befolgen. Rachenabstrich, Würgereflex, Nasenabstrich bis in den Rachenraum, ekliges Gefühl, schnell vorbei.

Fertig. Ich darf gehen. Ich fühle mich unerwartet erleichtert. Die nervige, überlegene Musterschülerin in mir verschwindet mit der Anspannung. Jetzt ist da Dankbarkeit. Im Gehen bedanke ich mich und verabschiede mich von allen Mitarbeitern des Gesundheitsamtes, an denen ich vorbeikomme.

Durch die Maske und meine vernebelte Brille werden sie nicht mitbekommen, wie sehr dieser Dank von Herzen kommt. Allen, die sich heute Morgen und an jedem Tag hier unaufgeregt, beruhigend, wohlorganisiert und zuweilen improvisierend um die zumindest insgeheim verunsicherten Testkandidaten gekümmert haben, bin ich zutiefst dankbar.

Jetzt warte ich auf mein Testergebnis.

Claudia Wisiol

corona II

und
es ist unwirklich.
es ist eigen. artig.
es ist neu.
es ist fremd.
es ist anders
es ist wie es ist
jetzt

niemand hat es kommen sehen.
niemand vorausgeahnt.
niemand hat die unbekannte kraft
wahrgenommen.
doch
sie ist da.
und verändert.
radikal.
alles.
was uns lieb ist.
die menschen.
die umwelt.
die arbeit.
unsere art zu leben.
unsere art zu denken.
sie verändert
gewohnheiten
alles bekannte

das leben
den tod
rückt alles
näher
es ist eine ungeheure kraft.
sie lässt uns
mit aller wucht
auf uns selbst prallen.

Erkenntnis-Status

Meine erste Erkenntnis ereilte mich am 16. März 2020, dem Tag des Lockdowns. Es war jener Tag, an dem wegen der Corona-Ausgangsbeschränkungen erstmals nicht mehr nur ich im Home-Office war. Mein Mann okkupierte meinen Schreibtisch, meine Tochter tanzte „Corona-Ferien" singend durch die Wohnung, mein Stiefsohn war wegen Distance Learning dem Verzweifeln nahe. Alle waren auf ihre eigene Art gestresst – selbst die Internetverbindung.

Erkenntnisse Tag 1
Ich liebte mein Home-Office, solange es mein (also wirklich mein) Home-Office war.

Erkenntnisse Tag 2
Des is jetzt ois nimma so afoch net ...

Erkenntnisse Tag 3
Sobald man das Einkaufswagerl angreift und sich denkt „Oh, jetzt darf ich mich nicht mehr im Gesicht kratzen", juckt es unter dem linken Nasenflügel. Dann wandert das Jucken quer über die Wange, knapp am Auge vorbei und über die Schläfe mitten auf den Hinterkopf. Bei der Wursttheke angekommen hat es sich bis zur Kniekehle hin ausgebreitet.
Sobald man voller Vorfreude auf ausgiebiges Kratzen die Hände 20 Sekunden lang gewaschen hat, ist das Jucken vorbei.

Erkenntnisse Tag 4

Es gibt nicht nur die 80er-Jahre-Skiurlaub-im-Apartment-Schwammerlpackerlsuppe.

Es tut sich ein ganzes Universum an Wasser-dazu-und-in-wenigen-Minuten-fertig-Sackerln auf, wenn man das Regal einmal gefunden hat.

Andere mögen lobpreisen, wie toll es nicht sei, nun 3x täglich kochen und gemeinsam Essen zu können. Ich hingegen kenne die Wahrheit: Realität kommt sackerlweise!

Erkenntnisse Tag 6

Meine Tochter darf von nun an ganz laut SCHEISSE sagen, sofern es um Corona geht.

Es ist schön, sein Kind beim Heranwachsen zu begleiten.

Erkenntnisse Tag 7

Ich entwickle Gefühle für Frauen, die ihre super-fancy Basteltipps präsentieren, weil man in der Quarantäne doch endlich Zeit hätte, ausgiebig und in Ruhe mit den Kindern zu basteln.

Es sind keine schönen Gefühle.

Erkenntnisse Tag 8

Ich weiß nicht mehr, wie wir durch zweistellige Zahlen dividieren gelernt haben, aber so sicher nicht.

Ich träume heute garantiert davon, dass mir die Matura aberkannt wird.

Erkenntnisse Tag 10

Mit der halben Welt unter Corona-Quarantäne erscheint Lagerfelds Aussage „Wer Jogginghose trägt, hat die Kontrolle über sein Leben verloren" mit einem Mal prophetisch.

Erkenntnisse Tag 11

Seit ich nicht mehr allein im Home-Office bin, arbeite ich nicht mehr im Pyjama.
Der soziale Druck steigt.

Erkenntnisse Tag 17

Der große Vorteil von Treffen in der virtuellen Cocktail-Bar: Man findet auf jeden Fall nach Hause.

Erkenntnisse Tag 27

Was früher Warnwesten am Autositz waren, sind jetzt Masken am Rückspiegel.

Erkenntnisse Tag 29 & 30 (Nachtrag)

Habe meine Erkenntnisse des Tages zu berichten vergessen.
Habe meine Erkenntnisse des Tages vergessen.
Habe den Tag vergessen.

Erkenntnisse Tag 37

09:15 Ich höre das Ö1-Morgenjournal nach, Kogler: „Ab Mitte Mai wird es auch im schulischen Bereich Schritte geben."
12:20 Ich höre das Ö1-Mittagssjournal, aber nichts von Kogler
12:35 Blick in den Kühlschrank: Ich greife nach dem Saft und streife dabei eine Weinflasche, unabsichtlich.
12:45 Blick in den Kühlschrank: Ich greife nach dem Saft und streife dabei die Weinflasche.
12:50 Blick in den Kühlschrank: Ich streife liebevoll über die Weinflasche.
12:55 Blick in den Kühlschrank: Ich lächle die Weinflasche an.

\# 12:56 Blick in den Kühlschrank: Die Weinflasche lächelt zurück.

\# Ich frage mich, ob 12:57 schon als after work durchgeht.

Erkenntnisse Tag 38

\# Quarantäne hilft nicht.

\# Erste präpubertäre Anwandlungen der Tochter helfen nicht.

\# Quarantäne und präpubertäre Anwandlungen helfen nicht nicht.

Erkenntnisse Tag 39

\# Sobald ich mir die Maske aufsetze, überkommt mich ein Niesreiz.

\# Ich werde oft allein im Geschäft stehen.

Erkenntnisse Tag 42

\# Heute Nacht habe ich geträumt, ich weiß nicht mehr von wem, aber davon, dass wir uns zur Begrüßung auf die Wange küssen.

\# Es war ein schöner Traum.

Erkenntnisse Tag 44

\# Vor sechs Wochen dachte ich mir: Warum nur habe ich das Treffen mit dieser oder jenem immer wieder verschoben? Wer weiß, wann wir uns wiedersehen können.

\# Vor sechs Stunden dachte ich mir: Großartig, ich kann alle wiedersehen.

\# Seit sechs Minuten fühle ich mich gestresst.

Erkenntnisse Tag 46

\# Gilt man als Stammgast, wenn einem der junge Mann vom Cocktail-Lieferservice die Drinks mit

den Worten „Freut mich, dich wiederzusehen"
überreicht?

Erkenntnisse Tag 56
Keine Schule bedeutet auch kein kitschtriefen-
des, frauenbildfragwürdiges, schlecht reimendes
Muttertagsgedicht.
Manchmal, aber nur manchmal, kann ich Coro-
na etwas Gutes abgewinnen.

Erkenntnisse Tag 50
In den ersten Tagen konnte ich mich vor Er-
kenntnissen gar nicht erwehren.
Sie werden zunehmend weniger.
Ist es Gewöhnung oder Resignation?

Erkenntnisse Tag 57
Wir haben uns am Wochenende mit Freund*innen
getroffen. Keine Umarmung, kein Küsschen zur
Begrüßung, dafür Distanz.
Nicht alles, was einem richtig erscheint, fühlt
sich auch richtig an.

Erkenntnisse Tag 60
Heute wurde aus unserem multifunktionalen
Home-Office wieder ein Uni-Seminarraum.
Virtuell, versteht sich.
Es ist trotzdem komisch, wenn 17 Studierende
an mir vorbei auf unsere Schlafzimmerwand
schauen können.

Erkenntnisse Tag 65
Meine Tochter war in der Früh ganz aufgeregt,
weil sie ihre Schulfreundinnen wiedersieht.
Ich war in der Früh ganz aufgeregt, weil ich mir

nicht den Kopf über das Mittagessen zerbrechen muss.

Erkenntnisse Tag 80
\# Mein Mann hat heute gesagt, dass er das Großraumbüro vermisst.
\# Die Nachwirkungen des Lockdowns holen uns bereits ein.

Erkenntnisse Tag 86:
\# Lange habe ich diesen Tag herbeigesehnt: Tochter und Stiefsohn sind in der Schule, mein Mann zurück im Büro und ich wieder allein in (meinem) Home-Office.
\# Es ist ruhig hier.
\# Es ist sehr ruhig hier.
\# Jössas, ist es ruhig hier.

Lockdownsätze, viruslastig

Mein Zimmer ist klein, mein Zimmer ist groß, es
hat ein Fenster, da stehe ich und schaue hinaus.

Im Garten sitzen, auf der Schaukel, die dünnen
spitzen Blütenblätter von drei Gänseblümchen
ausreißen und zählen: 60, 41, 56. Das hat nichts
mit Liebe und Nicht-Liebe zu tun.

Im Kopf ein Durcheinander: Zahlen, Kurven,
Fälle, Maßnahmen. Das Herz fragt: Was ist ein
Meter? Die rechte Hand bittet die linke: Halte du
mich fest. Die Augen lassen den Tag offen.

Heute bin ich ängstlich und ruhelos. Eine Katze
am Schoß wäre gut.

Manchmal bricht einfach Lachen aus dem Mund.
Du lässt mich nicht in deinen Ellbogen niesen.

Fenster putzen, damit das Draußen klarer wird,
Augen reisen durchs Zimmer, halten bei Dingen
an, finden Unterschlupf in Erinnerungen.

Alle sitzen hinter Vorhängen, warten auf das Ab-
flachen der Kurve. Die Gesten schrumpfen.

Die Tochter baut einen Hühnerstall, der Sohn
bäckt Brot aus Sauerteig, der Mann schneidet ein
Loch fürs Ofenrohr, die Frau grübelt ein bisschen,
schreibt ein bisschen, liebt ein bisschen.

Kein Klopapier und keine Datteln. Eine Liste beginnen: Gefühle, die man zum ersten Mal hat.

Beim Grübeln, was eigentlich normal ist, fuchtle ich mit den Händen im Gesicht herum.

Vor lauter Händewaschen mit Seife lässt sich der Ehering meines Mannes wieder vom Finger ziehen.

Im Traum schicken sie uns den Sohn, tot, in einzelnen Teilen. Die Nacht hält den Atem an, sogar am Tag erstickt mein Herz noch.

Termine werden gestrichen, Pläne zerschlagen sich, feiner Staub legt sich auf den Taschenkalender, mit Tränen vermischt.

Wir lachen hinter den selbst gebastelten Mundschutzmasken, wirksamer Gemütsschutz.

Die Dunkelziffern heulen wie Gespenster Tag und Nacht, noch immer fürchten sich nicht alle.

Corona stutzt uns nicht nur die Flügel, kein Menschengezwitscher weit und breit.

Grantig stehe ich auf, grantig gehe ich ins Bett, dazwischen bin ich genervt.

Das Leben ist im Krankenstand, kein Spital nimmt es auf.

Leere Straßen, leere Plätze, leere Gasthäuser, leere Schulen. Zu Hause: leere Gesichter, leere Wörter und ein leerer Koffer.

Der Frühling ist nicht abgesagt und keine der Maßnahmen betrifft die Wolken, immerhin.

Heute hätte ich eine Lesung gehabt, Scheißvirus, Scheißkrise, Scheißschneegestöber, Scheißfieberblase, Scheißgymnastik, Scheißnachrichten, Scheißgedanken.

Mein Arbeitsplatz im leeren Büro ist alt geworden, dement womöglich.

Egal was man anzieht, egal wie lange, Hauptsache man hält Abstand.

Alte Menschen, abgesondert, kein Kind auf Besuch, kein Enkel am Schoß, kein Achterl beim Karteln. Die Wände werden traurig, der Fernseher beschwert sich und das Handy schluckt keine Tränen mehr.

Der Sonnenkranz krallt sich um die Seele, dreht die Abstandsregel einfach um... bis zur Kurzatmigkeit.

Wie klingt das Schweigen am Telefon, nachdem sich eine Stimme von einem Sterbenden verabschiedet hat?

Draußen Vogellaut statt Flugzeuglaut, drinnen Stille, Verzweiflung und Wut haben sich darunter versteckt, sie sind ganz leicht zu entdecken.

In der Verunsicherung wird's einfach nicht gemütlich, da kannst du die Gedanken hin- und herrücken, die Bilder umhängen, so viel du willst.

Die Krähen lassen früh am Morgen ihre Wort-
spenden fallen, sie verrotten schnell am Grünstrei-
fen vor dem Haus. Keiner kündigt Krähen wegen
Corona.

Das Wundervirus ist voller Dämonen, die reden
alle durcheinander, aber wir wissen nicht einmal in
welcher Sprache.

Musik macht Himmel aus Seele, kann aus dunklen
Löchern helle Kugeln backen.

Man könnte auflisten, aus was alles nix geworden
ist, man könnte die Länder der Welt nach den Co-
vid-Toten reihen, man kann auch wieder mal Anti-
depressiva nehmen.

Geschlossene Augen, Frühlingsregen, Bachmann-
gedicht, alles ist gut, kein Lebensgefährder weit
und breit.

Wir fahren wieder hoch! Wir gehen wieder raus!
Es ist noch lange nicht vorbei, sagen die Presse-
konferenzler. Virus und Volk nicken mit Abstand
am bravsten.

Lichtblau

Sonnenbekränzte Sehnsüchte nach Händedruck
und Umarmung, nach dem Atem von Erzählun-
gen anderer und nach unbeschwertem Lachen. Es
flimmerten Nostalgie und Schmerzen auf, flackernd und nicht unter Kontrolle zu bringen. Unter Kronen reichten wir einander freundliche
Wortgirlanden und blaue Tulpen über den Zaun,
denn der Mindestabstand muss gewahrt sein. Spüren wir überhaupt die Konturen unserer Körper,
wenn wir einander nicht umarmen können?

Doch ich hatte Glück: Die Tafel im Himmel der
sieben Wandelsterne war immer voll. Wir aßen
und lachten, jeder Tag war ein Fest unseres Bei-
sammenseins. Die Kinder schliefen zu fünft in einem Zimmer, mein Mann und ich immer Haut an
Haut. Uns mangelte es an nichts. Wir trieben
durch die Wochen, ich lernte die Kontinente neu,
vermaß die Weltmeere und tauchte in den Maria-
nengraben. Irgendwann hörten wir auf, am Abend
die Nachrichten zu schauen und es ging uns sofort
besser.

Wir fanden Trost in den Wäldern und feierten am
Abend den Zirkus der Stille: Bilder flackerten über
die weiße Wand, in Schüsseln Karamellpopcorn.
Rotwein auf der Terrasse, dem Glück auf der
Spur. Wir stellten einander neue Fragen und
schmiedeten Pläne, denn die Welt hängt immer
noch an unserem Angelhaken. Gedanken glitzer-
ten bei Kaffee und Erdbeerroulade. Der Himmel
klarte schon früher auf und Brot beduftete das

Haus. Zitronenwasser und Ingwertee. So
schmeckt die Freiheit im Kleinen.

Wir sind gerne alleine geblieben in unserem Himmel der Wandelsterne. Aus Grashalmen saugten
wir Frühlingssäfte und säten den wilden Geist, im
Zwitschern jedes Morgens. Schmiedeeiserne Git-
ter, dahinter rauchte der Nachbar in einem weißen
Bademantel, irgendwo eine Motorsäge, später das
Klopfen des Spechts. Am Wegesrand gestohlener
Flieder auf dem gedeckten Mittagstisch. Nach
dem Essen rief der Jüngste „An die Ruder, Matro-
sen!" und die Kinder schwärmten aufs Neue in
den Garten aus.

Britta Lübbers

Lockerungen

Zuerst öffneten die Baumärkte
Damit die Männer etwas zum Hämmern hatten
Zum Hobeln, Sägen, Bohren und Schlagen
Und von ihren Frauen abließen
Die immerzu sagten *Geh in den Garten*
Und wenn es den Garten nicht gab
Stellten sich die Männer auf den Balkon
Und spielten Trompete

Dann schlossen die Buchläden auf
Denn sie waren systemrelevant
Für die Getrennten, die sich durch
Kriminalromane kämpften
Wie durch ein offenes Dünengrab
Bis um sechs kämpften sie so
Dann fing das Trennungstrinken an

Schließlich die Eisdielen, Stracciatella
Mokka, Zitrone in einem Abstand
Von fünfzig Metern sämig auf die Zunge
Gehoben, die rausgewachsene Frisur
Hinter die Ohren geschoben, die Füße lässig
Auf dem gelben Absperrstreifen
Nickten wir uns zu von Waffel zu Waffel
Nur die Totgeweihten in den Krankenhäusern
Gingen alleine über die Grenze

Eva Köppl

*Für meinen Bruder, gestorben an der Corona-Covid-19-
Infektion, mit 53 Jahren, angesteckt bei der Arbeit*

Versuch einer Aufarbeitung

An welchem Ort nun soll ich dich denn suchen,
lieber Bruder?

Deine Art ist nice und du bist ruhesanft. Im Halb-
schlaf überkommt mich, trauernd, eine Vision.
Ein See wie in Asien, pastellfarben das Wasser,
Felsen wie gemalt, und traumtief alles, Frieden.
Homer, die Reise über Wasser, doch dies ist keine
Fahrt, und du weilst hier, die Ruhe legt sich auf
den See und eine Tiefe, die dir nah ist, Glück, dir
zu begegnen, in dem Traum. Glück, dich hier zu
wissen. Froh bin ich um diesen Trost.

70er Jahre, als wir 15 und 17 waren. Du bist nicht
mehr mein kleiner Bruder, schon größer bist du
als ich. Wir wollten allesamt viel bewegen in dieser
Zeit, als könnte alles ohne Ende sein. Rebellisch
warst du, so früh schon, wilder Glanz in deinen
Augen, und viel Lachen, Frieden deine Vision, du
eigenwilliger kluger Bruder. Vertrieben bist du aus
dem Isarleben hier.

Die Zeit, unsre Zeit, ist immer hier, ist immer in
der Gegenwart verankert. Unsere geschwisterliche
Freundschaft, für garantiert genommen, Glanz
und Frieden, wir zusammen.

Warum nur bist du fort, warum nur bist du blass
geworden?

Ich habe ein altes Foto hervorgekramt. Wir zwei, entschlossen und fröhlich auf unserem Weg. Die Übereinkunft der gestreiften Schals, deiner in braun und orange, die Haare werden länger. Ich sehr filigran im Lodenmantel, wilde Locken. Aufbruch der 70er Jahre, eine kurze Zeit lang warst du glücklich, fröhlich und du selbst. Und was geschieht mit den besonderen Menschen? Das Unverständnis, Gift für Junge. Lass sie ausprobieren. Auf einmal spielen wir zerrüttete Familie. Ruhig bleiben? Wenn einer eintaucht in die Wellen der Zeit. Aufgegriffen in Wackersdorf, bei der Anti-Atom-Demo. Ausgerückt. Rebellisch. Mein Gott, Protest war lebenswert und wichtig. Ihr brauchtet keine Angst zu haben, liebe Eltern, ihr gabt das Beste, das war viel.

Mein lieber Bruder, ich kenne dich aus allen Zeiten. Die Bäume rauschen himmelwärts. Wer warst du, und wer wolltest du denn sein?

Du bist so reizend, lieber Bruder, du verdienst das Leben.

Auf den Fahrradladen Steiner gibt es während der Corona-Epidemie einen riesen Run. Am Wochenende baut ihr noch Räder zusammen. Der Zuschlag hat sich nicht gelohnt, denn dieser Tag ist eine Coronaparty geworden. Das hektische Rädermontieren im Juni legt den Keim, lässt dich verblassen, und macht die meisten andern für ziemlich lange oder gar lebenslang krank. Coronaregeln nicht eingehalten. So kollegial, so krank, so nah.

Deine letzte Abrechnung habe ich noch gesehen.
Wenig war drauf, 588 Euro war dein Lohn für
vierzehn Tage. Die Krone hat dich erwischt, an
diesem Ort der Montage, und für diesen Stunden-
lohn, der so knapp war. Plus Zulage, ja.

Mein lieber Bruder, bitter warst du manchmal
schon. Und mittellos. Und doch so reich. Und jene Viren waren weit. Sie lehren uns, jetzt an den
Tod zu denken, sie trafen schon dein Herz, Corona traf dein Herz. Es bleiben Bilder. Unvergessen.
Reich und weit.

Anke Elsner

Der Mensch als „Risikogebiet"

Risikogebiete. Jeden Tag mehr. Überall auf der
Welt. Nicht nach Frankreich fahren! Wo bleibt
meine persönliche Freiheit? Ist der Gedanke asozial? Risikogebiete. Und immer erscheint dieses
Wort in mentalen Großbuchstaben und verursacht
ein zunehmendes Gefühl der Unsicherheit, Angst
sowie Ablehnung oder Akzeptanz, je nach Standpunkt.

Wenn man in den letzten Jahren von einem „Risikogebiet" in Österreich oder Deutschland sprach,
meinte man damit bestimmte Regionen, in denen
man Gefahr lief, sich mit der von Zecken verur-
sachten FSME anzustecken. Aber man konnte
sich gegen diese Krankheit impfen lassen. Oder
auch nicht. Die eigene Entscheidung, letztendlich
folgenschwer nur für den Betroffenen selbst.

Und Risikogebiete heute?

Gestern hörte ich zufällig im Bus ein Gespräch
zwischen zwei Frauen. „Weißt du, eigentlich wollten wir in diesen Herbstferien nach Paris – und
ganz ehrlich, ich würde ja immer noch fahren.
Aber mein Mann sagt, in so ein Risikogebiet will
er nicht, auch aus Rücksicht auf seine Mutter. Wir
dürften die Warnungen nicht ignorieren. Kannst
du dir das vorstellen? Da lässt er sich von einem
Virologen vorschreiben, wohin er fahren darf.
Und ich dachte immer, wir lebten in einer Demo-
kratie – das ist doch die reinste Diktatur." Entrüs-
tet blickte die etwa Fünfzigjährige auf ihre Freun-

din, die bestätigend nickte. Und schon ging es weiter: „Ich finde, jeder hat das Recht, selbst zu entscheiden, wie und wo er seinen Urlaub verbringt. Da sollte man ihn doch nicht mit irgendwelchen Statistiken verunsichern." Wieder ein bestätigendes Nicken ihrer Nachbarin, während beide aufstanden, um an der Haltestelle den Bus zu verlassen.

Ich blieb allein mit meinen Gedanken. Diese Frau sah in der Warnung vor einer Reise in ein Risikogebiet ausschließlich die Einschränkung ihrer persönlichen Freiheit. Für sie gab es keine andere Deutung. Nur diese eine Auswirkung interessierte sie. Die Tatsache, dass es um die Eindämmung einer Gefahr ging, zählte nicht. Vielleicht hatte die momentane zutiefst verunsichernde Situation sie zu dieser Reaktion getrieben.

Doch ich denke, die Corona-Krise hat bei ihr keine grundsätzlich neue Seite ihres Wesens hervorgebracht, sondern nur vorhandene Charaktereigenschaften verstärkt, wie die Pandemie es bei jedem von uns tut. Niemand verändert seinen Charakter. Wir reagieren in dieser für alle völlig neuen Lage unserer Persönlichkeit entsprechend. Wir akzeptieren oder kritisieren die teilweise widersprüchlichen Stellungnahmen von Politikern und Experten, bilden uns eine Meinung auf dem Hintergrund unseres eigenen (Nicht-) Wissens und unserer bereits verinnerlichten Wertevorstellungen. Und treffen dann in der Krise unsere ganz eigenen Entscheidungen, um im Worst-Case-Szenario selbst zum „Risikogebiet" zu werden.

Home-Office

Daniel arbeitete seit drei Monaten im Home-Office, als sein Chef nachts in seinem Schlafzimmer auftauchte. Das Erste, was er wahrnahm, war Andreas' Aftershave: Sandelholz und ein Hauch von Bergamotte. Er schlug die Augen auf und sah seinen Vorgesetzten im Korbsessel vor dem Fenster. Der Radiowecker zeigte 03:36.

„Daniel", sagte Andreas. „Wir müssen über deine KPIs reden."

„KPI – was?", murmelte Daniel und tastete nach seiner Brille. Ein Traum, dachte er, ich träume.

„Key Performance Indicators. Wir haben im Team-Workshop darüber gesprochen, erinnerst du dich?"

Daniel fand die Brille, zog sie auf und knipste die Nachttischlampe an. Andreas sah makellos aus wie immer: dunkelblauer, eng geschnittener Anzug, weißes Hemd, schwarze Loafer und ein seidenes Einstecktuch. Sein krauses Haar war straff zurückgegelt. Die obersten Hemdknöpfe waren geöffnet, der Teint dunkel. Er trug eine Mund-Nase-Maske mit einem kleinen Filteraufsatz und Einweghandschuhe. *Er nimmt es wirklich ernst mit dem Infektionsschutz*, dachte Daniel.

„Was machst du hier?", fragte er.

„Es gibt Situationen, in denen man als Führungskraft das direkte Gespräch suchen muss."

Daniel versuchte, sich aufzusetzen, aber sein Körper fühlte sich bleiern an. *Eigentlich*, dachte er, *war es überfällig, dass der Typ auch in meinen Träumen auftaucht.*

Andreas führte die Abteilung seit einem halben
Jahr. Der Geschäftsführer hatte ihn direkt von der
Uni abgeworben. „Extrem fähiger Mann", sagte
der alte Beck immer wieder, wenn Daniel ihn
beim Rauchen auf der Feuertreppe traf. „Ist
schon weit herumgekommen und gerade einmal
25 Jahre alt. Mit solchen Leuten können wir das
Ruder rumreißen." Und Andreas hatte frischen
Wind in die Abteilung gebracht: Er hatte Zwi-
schenwände einreißen und eine neue Sitzecke ein-
richten lassen, ein Kanban-Board aufgestellt, das
kollegiale „Du" fürs komplette Stockwerk verkün-
det und auf Unternehmenskosten Lego-Steine be-
stellt. Der alte Beck war begeistert: „New Work!",
sagte er zu Daniel, während sie an ihren Marlbo-
ros saugten. „Das ist die Zukunft. Flache Hierar-
chien, kurze Produktionszyklen, schnelle Anpas-
sung. Dinosaurier wie sie und ich haben ausge-
dient."

In den nächsten Wochen stülpte Andreas die Abteilung von innen nach außen. Es gab keine festen
Arbeitsplätze mehr, keine Stellenbezeichnungen,
keine Kernarbeitszeiten. „Wir schaffen Raum für
neue Formen der Zusammenarbeit", erklärte er.
Fortan war jeder Mitglied in mehreren kleinen
Teams. Eines sollte sich neue Produkte ausden-
ken, ein anderes erarbeitete Vorschläge zur Opti-
mierung der Workflows und wieder ein anderes
beschäftigte sich mit der abteilungsinternen Kom-
munikation.
Niemand war ernsthaft überrascht, als Walter
Schmitt aus der Buchhaltung kurz darauf von einem Herzinfarkt niedergestreckt wurde. Seine
Tochter fand ihn nach zwei Tagen am Küchentisch. Schmitt war seit 24 Jahren in der Abteilung

gewesen. „Ein tragischer Verlust", sagte Andreas.
Für die Beerdigung gab er der ganzen Abteilung
einen Tag frei. „Das brauchen wir, um uns zu verabschieden." Daniel ging nicht zur Beerdigung.
Stattdessen sah er sich *Angriff der Körperfresser* auf
DVD an und trank Bier.
Am nächsten Tag lud Andreas ihn zu einem Spaziergang ein. „Ich bin menschlich enttäuscht, Daniel", sagte er. „Das Team hätte dich gestern gebraucht." Daniel wusste nicht, was er antworten
sollte. In den zwölf Jahren, in denen sie zusammen in der Abteilung gearbeitet hatten, hatte er
kaum mehr als zehn Sätze mit Walter Schmitt ge-
wechselt. Der Mann hatte ihn einfach nicht interessiert. Aber das konnte er Andreas nicht sagen.
Deshalb log er und sagte, dass er es nicht fertig
gebracht hätte. Dass Schmitts Tod ihn aus der
Bahn geworfen hätte. Andreas hörte zu, nickte ein
paar Mal und umarmte ihn schließlich. „Nimm dir
den Rest der Woche frei", sagte er.
Dann war Corona gekommen. Seit Mitte März arbeitete die ganze Abteilung von Zuhause aus.
„Gesundheit geht vor Profit", erklärte Andreas.
Daniel räumte eine Ecke des Küchentischs für seinen klobigen Laptop frei. In den täglichen Videokonferenzen fragte Andreas sie, wie es ihnen ging.
Ihren Familien. Ihren Haustieren. Er war so verdammt empathisch. Daniel wollte kotzen. Irgendwann beschloss er, dass ein Bier zu Mittag in Ordnung war. Dann zwei. Dann hörte er auf zu zählen.

Der Radiowecker zeigte jetzt 03:37.
„Daniel, ich will ganz offen sein", sagte Andreas
und beugte sich vor. „Deine Zahlen sind miserab-
el. Du weißt, dass ich dich als Mensch schätze.

Du erinnerst mich an meinen Vater. Aber als Abteilungsleiter muss ich auf die Zahlen schauen." *Er ist mitten in der Nacht in mein Schlafzimmer gekommen, um mich abzumahnen?*, dachte Daniel. *Hätte er das nicht morgen früh machen können, über Zoom?*

„Keine Abmahnung", sagte Andreas, als könnte er Daniels Gedanken lesen. „Ich weiß, was wir dir schuldig sind."

Daniel wollte sich aufrichten, aber sein Körper gehorchte ihm nicht. Alles, was unterhalb seines Halses war, blieb wie festgenagelt auf dem Bett liegen.

„Warum bist du hier?", krächzte er.

Andreas stand auf. „Ich glaube nicht an Abmahnungen und noch weniger an Kündigungen. Solche Maßnahmen sind ein Zeugnis mangelnder Wertschätzung." Er zog eine kleine, mit einer farblosen Flüssigkeit gefüllte Spritze aus seiner Aktentasche und entfernte den Sicherheitsverschluss. „Durch eine Kündigung würde ich dich aus unserem Unternehmen – aus unserem Team – ausschließen. Das hast du nicht verdient."

Am folgenden Mittwoch hatten alle Kollegen frei.

Georg Tilzer

Fragen für eine verrückte Zeit

Wenn wir wieder zur Normalität zurückkehren,
was wird dann normal sein?

Wer bestimmt dann, was normal ist und was
nicht?

Ist es ganz normal in verrückten Zeiten nicht
ganz normal zu sein?

Gibt es ein Recht des Menschen auf seine Verrücktheit?

Würden sie sich selbst eher als normal oder eher
als verrückt einstufen?

Sehnen wir uns nach mehr Raum für Verrücktheit?

Warum bemühen wir uns so sehr um Normalität,
wenn wir uns doch so sehr nach Verrücktheit
sehnen?

Sind verrückte Menschen beneidenswert?

Ist meine Umgebung verrückt oder bin ich es?

Was haben Angst, Sorge, Furcht, Vorsicht, Rücksicht, Macht und Ohnmacht mit Verrücktheit zu
tun?

Ist Angst der Hauptgrund dafür, dass so viele
Menschen normal sein wollen?

Macht Angst mächtig?

Wenn ja, wen?

Ist die Not ein besserer Ratgeber als die Angst?

Muss ich mich manchmal dafür entscheiden, etwas Verrücktes zu tun, wenn ich normal bleiben will?

Ist es sinnvoll die Verrücktheit zu integrieren?

Wann findet das nächste Fest der Verrücktheit statt?

Warum darf man nur in der Freude verrückt werden?

Warum leiden so viele Menschen unter Depressionen?

Was passiert, wenn das ehemals Verrückte normal geworden ist?

Ist Realitätsverlust eine angemessene Reaktion auf eine irreale Zeit?

Aus dem Tagebuch der verrückten Würde, 2020

Hypochonders Paradise

Wieder im Zug. Staubflocken kitzeln liebevoll meinen Riechkolben. Ich muss niesen. Meine Armbeuge ist ein feuchtes Biotop geworden. Ein Sammelbecken multilateraler Kulturen. Ich gewahre hochschnellende Köpfe, die zu mir rüberblicken. Ich muss nochmal niesen. Es ist laut. Brachial. Der Waggon erzittert kurz. Freudvolle Rufe aus meiner Armbeuge. Wieder hochschnellende Köpfe, die mich scharf ansehen. Ich blicke ungeniert zurück und halte den Blicken tapfer stand. Die Köpfe sinken langsam aber bedrohlich zurück. Sie tuscheln. Am liebsten würden sie ihre Köpfe zusammenstecken, aber sie dürfen nicht.

Ein Meer von Staubflocken bewohnt die unreinen Zugreihen, die mich zum dritten Male dazu reizen einen kräftigen Aussonderungslaut von mir zu geben. Diesmal kann sich einer der mitfahrenden Insassen nicht beherrschen und ruft in meine Richtung:

„Sie haben se ja wohl nicht mehr alle!"

„Stimmt" rufe ich zurück. „Sie haben jetzt auch welche."

Ich muss über meine spontane Erwiderung selbst kurz in mich hineinkichern, ziehe dabei unbewusst meine triefende Restrotze hoch, um sie über den Kanal hinter der Nase runterlaufen zu lassen und seufze erleichtert auf. Daraufhin steht eine maskierte Frau auf, schüttelt missbilligend ihren Kopf, funkelt mich dabei demonstrativ an und verschwindet in die hinterste Ecke des Waggons. Ich halte kurz inne, blicke ihr hinterher und möchte kurz etwas erwidern, aber sinke zurück auf meinen Platz und beginne zu sinnieren.

Ich vernehme Partystimmung aus meiner Armbeuge und werde wütend darüber, weil ich mich hier mit dusseligen Mitmenschen herumschlagen muss. Genervt packe ich eine Flasche Cutasept F mit dem Wirkstoff Propan-2-ol aus und sprühe gleich mehrmals unter Kampfgetöse in die Armbeuge. Der Genozid und die Todesschreie der Mikrovölker befriedigen mich und beruhigt benetze ich mich auch mit dem goldenen Desinfect.

Ich ziehe noch des Öfteren fast schon schuldbewusst die Nase und muss nochmal niesen. Verdammt denke ich mir. Noch drei Stationen und die Stimmung ist bereits überladen. Die anderen haben sich verbündet und scheinen sich zu beraten. Plötzlich muss ich, da ich versucht habe meine folgenden Attacken zurückzuhalten viermal hintereinander niesen, verliere dabei völlig die Kontrolle und verfehle die letzten zweimal die Armbeuge. Mist. Einer steht ruckartig auf und schreit hemmungslos:

„ES REICHT!!! DAS KÖNNEN WIR DIESER VIRENSCHLEUDERMASCHINE NICHT DURCHGEHEN LASSEN. Ich sage wir schmeißen ihn raus aus dem Zug!"

Sofort wendet sich ihm eine Frau und versucht zu beschwichtigen:

„Paul ... bitte, setz dich ...“

„Ist doch wahr.“ rechtfertigt sich Paul. „Der rotzt uns noch alle zu Tode.“ und an mich wendend: „Warum sind sie nicht zu Hause geblieben? Wissen sie wie unvernünftig und asozial sie sind?“

„Aber PAULLL, hör auf damit“, warnt die Frau ihren Mann scharf.

„Lass mich Hildegard. Irgendjemand muss diesen ...“, er verweist mit einer despektierlichen Geste auf mich und fährt fort „... dreckigen ... Ka ... Mann ... zur Räson bringen ...“

„Jetzt REICHTS!“ Langsam stehe ich, mich bedrohlich aufbauend, auf. „Ich habe bis jetzt alles stoisch über mich ergehen lassen. Bitte. Beruhigen sie sich wieder. Es gibt überhaupt nichts zu befürchten. Ich habe nichts weiter als eine harmlose Stauballergie.“

Überrascht über meine doch so ruhige, gelassene Erwiderung, versuche ich das Ganze noch mit einem freundlichen Nicken und einer beruhigenden Geste mit der Hand zu unterstreichen.

„Das kann ja jeder behaupten. Warum sollten wir ihnen überhaupt vertrauen, he?“ er schaut dabei um sich, um zustimmende Blicke zu erheischen und bekommt sie auch. „Die nächste Station fliegen sie raus. Entweder freiwillig oder ...“ statt den Satz zu Ende zu führen, streift er sich Hygienehandschuhe über die Hände, verteilt zwei weitere Paare anderen Mitfahrern und packt auch noch Schutzmasken aus.

„Ohooo, da ist aber jemand vorbereitet", rufe ich überrascht aus. „Ich muss nur noch bis zur übernächsten Station. Sie müssen nichts weiter tun als etwa zehn weitere Minuten mit mir auszuhalten."

„Nichts da …"

Der Zug bremst. Gleich hält er an. Die Männer nähern sich langsam. Sie wollen das tatsächlich durchziehen. Langsam steigt Panik in mir hoch. In meiner Verzweiflung greife ich in meine Tasche, ziehe meine Notfalltoilettenpapierrolle raus und krame mein Feuerzeug aus meiner Hosentasche heraus.

„STOP! Keinen Schritt näher oder ich zünde die Rolle an!"

„NEIINNN!!!"

Alle bleiben stehen. So verharre ich bis zu meiner Station. Die Türen öffnen sich. Ich packe meine Sachen, niese zum Abschied und laufe raus.

Marlies Kalbhenn

Aber

Nach Einsichtnahme
der Akten

und Zweisichtnahme
der Fakten –

beziehungsweise
der Lage:

keine Aussicht
auf Genesung.

Aber:
Noch ist nicht

aller Tage
Abend!

Der Auserwählte

Jetzt ist die Zeit. Genau jetzt. Wir haben schon zu lange gewartet. Wir müssen uns endlich auflehnen!

Es gibt im Leben großer Männer – und es sind doch praktisch immer Männer – den Moment der Einsicht zur Erhebung. Und mein Moment ist gekommen.

Ja, es gibt offene Fragen, fehlende Puzzleteile, aber das Bild, das sich enthüllt, zwingt zum Handeln. Zugegeben, das Stöbern im Dickicht der Vertuschung war mühsam, aber nach dem Entlarven der Lügen sind Zufriedenheit und Selbstwertgefühl beinahe am Platzen.

Bis zum Lockdown, war es einfach. Man musste nur fordern. Maßnahmen mussten her. Jedes Zögern war unverantwortlich. Treiben musste man die Mächtigen. Und meine Triebkraft war die Angst. Angst um mich habe ich eigentlich immer, aber plötzlich fand ich mich, als Mann jenseits seiner Blüte und mit Vorerkrankungen, in einer Risikogruppe.

Also zu Beginn: der Schrei nach dem Lockdown. Es konnte nicht schnell genug gehen. Ich wäre damals schon auf die Straße gegangen, aber die Angst …

Und als sie den Lockdown verhängten, blieb die Katastrophe aus. Da kam der Umschwung in meinem Denken. Das Armageddon, das keines war, hat mir die Augen geöffnet.

Als würden sie eine Flut voraussagen, unter Opfer Dämme bauen lassen und dann passiert nichts. Das konnte man doch nicht ernst nehmen. Da musste der größte Ignorant erkennen, belogen worden zu sein. Wer weiß schon, was bei denen, die es erwischt hat, falsch gelaufen ist? Da lag vieles im Argen, ein Spinnennetz an Versagen, das nun wunderbar erklärt werden konnte. Die Schuld übernahm eine übernatürliche Macht. Sehr praktisch für ein System, das die Missstände erst ermöglicht hat.

Aber das soll im Umkehrschluss Missstände bei uns nicht verleugnen. Im Gegenteil. Bei uns hatten sie einfach mehr Glück als Verstand. Dennoch hat die mediale Aufbereitung hierzulande willfährig die Angst nicht nur transportiert, sondern regelrecht befeuert. Panik sollte verbreitet werden, die Bevölkerung sollte kuschen. Nur habe ich in dieser Situation Ruhe bewahrt, um hinter die Kulissen dieses Schauspiels zu blicken.

Und plötzlich wurde alles offensichtlich.

Supermächtige Eliten ziehen an Marionettenschnüren und haben die Planung der neuen Ordnung übernommen, weil das alte System zu kippen drohte. Nur so konnten sie alles einreißen, ohne Verantwortung übernehmen zu müssen.

Eine reinigende Flut.

Ein Schachzug, um die Macht auszubauen.

Ein Test, wie weit man mit Manipulation und Unterdrückung gehen konnte.

Weltweit wurden Freiheiten eingeschränkt, Grundrechte verletzt und die Wirtschaft vernichtet. Und wenn die Persönlichkeit so fundamental beschnitten wird, dann steckt kein Virus dahinter, sondern mehr. Dann muss sich der mündige Bürger fragen, wem das nützt. Und mündig meint nicht diejenigen, die an den Lippen des Mainstreams und der gesteuerten Wissenschaft hängen, sondern jene, die mutig genug sind, unter den verdreckten Teppich zu sehen. Denn dort liegt die Wahrheit, nicht auf den polierten Redaktionstischen gleichgeschalteter Medien. Dazu muss man sich alle Meinungen anhören, und zwar wirklich alle, nicht nur jene der selbstgefälligen Experten, die der Ansicht sind, die Wahrheit für sich gepachtet zu haben, nur weil … Als wäre Forschungsarbeit entscheidend. Wissenschaft am Arsch! Andere haben auch eine Meinung. Ja, abseits des Weges findet man Menschen mit Fantasie. Und Fantasie braucht man, um die Zusammenhänge zu begreifen. Das hat schon Einstein gesagt.

Aber selbst ich musste mich an die Wahrheit herantasten und anfangs waren Irrläufer dabei. So die Geschichte mit dem Mobilfunkstandard. Oder die Theorie mit der Strafe Gottes. Wobei, dafür war ich ohnehin zu wenig gläubig, zudem hat die Vernichtung des Virus durch den eifernden Prediger nicht geklappt. Ja, wäre ein Fanal durch die Menge geschossen und Viren in kleinen, bunten Bläschen in der Luft geplatzt, dann hätte ich mich vielleicht bekehren lassen, aber so.

Auch bezüglich der Gefährlichkeit war ich erst unsicher. Meine ursprüngliche Annahme der unausweichlichen Apokalypse kippte zur gesicherten Harmlosigkeit. Zuerst Panik, dann nur noch Wut. Aber gerade die Erkenntnis der Unschädlichkeit des Virus hat mich bestärkt.

Der Lockdown, und alles was damit zusammenhängt, war von langer Hand geplant. Ich kann mir gut vorstellen, wie die Supermächtigen das ausgeheckt haben. Die Idee mit der Pandemie war dabei so einfach und naheliegend, dass es vielleicht Zweifler gab, die dachten, das Prinzip sei schon zu oft angewandt worden. Aber dann haben sie beschlossen, die Illusion noch drastischer, noch präziser zu erschaffen. Wie bei der dreißigsten Fortsetzung von *Fast & Furios*: noch aberwitziger, noch spektakulärer und noch brutaler. Einfach noch eins oben draufsetzen.

Wäre ich nicht so wütend, ich würde Bewunderung aufbringen für die Machart, das Netzwerk, die Macht.

Die Frage, wer hinter diesem perfiden Spiel steckt, treibt mich selbstverständlich um, auch wenn ich mich nicht der Illusion hingebe, dass ich bei all meiner Recherchearbeit die Wahrheit enthüllen kann. Diese Menschen sind gewieft und mächtig — und nicht einmal, ob es sich um Menschen handelt, will ich mit Sicherheit sagen. Man darf bei der Suche nach der Wahrheit nichts ausschließen. Einen offenen Geist bewahren, sage ich immer.

Nur wie soll man dem Machtkartell einer solchen Weltordnung auf die Schliche kommen? Denn da es sich um weltumspannenden Irrsinn handelt, sind weltumspannende Strippenzieher gewiss. Pharmaindustrie, Tech-Konzerne, Politiker ... DHL ... all die Profiteure. Und dort hört es nicht auf!

Allein beim Gedanken an die Macht des Gegners läuft es mir kalt den Rücken hinunter. Was für ein Goliath!

Aber ich gebe nicht auf und wenn auch alle gesteuert werden, ich nicht! Ich bin frei, frei in meinem Denken! Und ich werde mein Wissen unermüdlich teilen. Die Segnungen des Internets. Und es werden mehr, die querdenken, mehr, die auf die Straße gehen. Heute ist es wieder soweit. Eine Demonstration. Die Zweifler müssen überzeugt und auf den Pfad der Wahrheit geführt werden. Von mir aus wie in einem Religionskrieg! Die Verunsicherung der Menschen ist unser Wind und man muss dafür sorgen, dass er weiter bläst. Dann wird das groß, verdammt groß! Es muss nur jeder seinen Beitrag leisten. Wirklich jeder. Wir machen das für unsere Kinder. Selbst ich, der ich keine habe.

Jetzt muss ich aber los. Zum Glück ist das Wetter gut, ansonsten hätte ich keine besondere Lust. Natürlich lasse ich die Gesichtsmaske zuhause. Es geht um Protest!

Andererseits, wenn ich sie mitnehme, könnte ich später einkaufen, denn es ist fast nichts mehr im Kühlschrank. Und wenn ich ohne Maske losziehe, muss ich sie später holen. Also stecke ich sie doch ein.

Was habe ich da in der Tasche? Ach, die Lutsch-bonbons, die mir Mama gegeben hat, weil es mich in letzter Zeit im Hals kratzt. Ist doch praktisch, bei der Mama zu wohnen. Sie schaut auf mich, weil ich aufgrund meines Auftrags Opfer bringen muss und mich vernachlässige. Nur ist sie zu ängst-lich. Ich soll auf mich aufpassen, damit ich nicht auch das Virus bekomme. Und ich soll auch an sie denken.

Wenn ich es mir recht überlege, nehme ich sicher-heitshalber ein Bonbon, obwohl geholfen haben die auch nicht. Und das schon seit Tagen. Fühle ich mich nicht auch heiß an? Und es zieht in den Lymphknoten. Wenn ich mich darauf konzentrie-re, kann ich spüren, wie sich der Schmerz ausbrei-tet. Ich werde doch nicht …? Meine Güte! Das soll es gewesen sein? Dabei habe ich noch so viel vor!

Ich muss auf mich aufpassen, da hat Mama ganz recht.

Vielleicht bleibe ich besser zuhause. Ich bin zu wertvoll fürs Sterben. Soll Mama einkaufen gehen. Und mir die Notrufnummer heraussuchen. Für alle Fälle.

Jetzt lege ich mich erst einmal ins Bett.

Profiteure der Corona-Krise

Von der Corona-Krise der größte Profiteur?
Die Frage: „Wie geht es dir?"

Zuvor ist sie fast zur Floskel verkommen
jeglicher Wert wurde ihr genommen.
Die Frage zu stellen, war als verpflichtend
angesehen,
aus Höflichkeit, um dann zum Wichtigen
überzugehen.

Denn das war die Frage nicht mehr – wichtig.
Keins der zusammengestellten Worte hat man
überdacht,
die Frage nichtig,
zu einem seichten Witz gemacht,
sie durch sinnlose Verwendung abgenutzt,
mit Verlogenheit und Heuchelei beschmutzt
und sie dabei ganz entwürdigt.
Jahrelang ist sie in Bedeutungslosigkeit verdorben
Und man hat ihren Sinn fast beerdigt,
weil er wie ausgestorben …
wie tot, sie leblos, wie sinnlos erschien.

Doch Corona hat uns nähergebracht,
aus dieser Frage wieder mehr als eine Floskel
gemacht,
denn hat sich ihre Bedeutung auch jahrelang
versteckt,
haben wir in ihr nun wieder
Sorge, Ehrlichkeit, Liebe, Hoffnung entdeckt.

Ein Zeichen, dass jemand an uns denkt,
in so schwierigen Zeiten
vermutlich das größte Geschenk.

Veröffentlicht am Instagram-Account @iammissyoswald

Lina Hofstädter

Killersprache

Ein bisher sträflich vernachlässigter Auslöser bzw. Übertragungsfaktor bei Pandemien ist die Sprache. So hat der emeritierte Vorstand des Instituts für Immunologie der Universität Bern das Schweizer Idiom als „Killersprache" ausgemacht, da die harten Kehllaute besonders viele virengesättigte Tröpfchen absondern. Er hat deshalb geraten, mit Schweizern, aber auch mit Tirolern und Kärntnern, zu Covid-19-Zeiten besser nur Ferngespräche zu führen. Eine nachhaltige Gesundheitsmaßnahme müsste aber letztlich darauf basieren, eine weniger brachiale Aussprache zu erlernen und zu pflegen. Das würde die eigenen Stimmbänder schonen und könnte auch in Nicht-Pandemie-Zeiten die Verständigung in so manchem Nah- oder Ferngespräch erleichtern. Vielleicht könnten sich unser Unterrichts- und der Gesundheitsminister ja darauf verständigen, als Corona- Prophylaxe in Teilen Österreichs statt der Maskenpflicht eine allgemeine Logopädie-Pflicht einzuführen? Oder wäre das ein verfassungsrechtlich bedenklicher Eingriff in die Redefreiheit?

Und ein noch gefährlicheres Virus als Covid-19 blieb bisher völlig unter dem Radar der Gesundheitsexperten, obwohl es weltweit schon seit Jahren grassiert und Millionen von Menschen infiziert hat und sich täglich weiter ausbreitet: Dieses Virus wurde nachweislich in amerikanischen Laboren entwickelt und freigesetzt und wandert seither ungehindert um den ganzen Erdball. Die auch hier teilweise symptomlosen und daher unbehan-

180

delt bleibenden Hotspots finden sich vorwiegend in den Bereichen Politpropaganda und Werbung, bisher ausgemachte Erstüberträger sind überall die Spin-Doktoren. Das hochansteckende Virus heißt NLP und war in früheren Zeiten unter dem weniger wissenschaftlichen Begriff „Gehirnwäsche" bekannt. Damals trat es allerdings fast nur in Diktaturen auf, man sah deshalb hierzulande keinerlei Gefährdungspotenzial. Heute grassiert es leider weltweit, auch in demokratischen Systemen. Die Symptome sind, wie bei Covid, vielfältig: Zwar werden keine Organe angegriffen, doch es treten gehäuft pathologische Wahrnehmungsveränderungen, Empathieverlust, Lethargie oder Aggressivitätssteigerung auf, immer wird das Denk- und Erinnerungsvermögen massiv und zum Teil dauerhaft geschädigt. Auch gegen dieses Virus gibt es leider keine Impfung, jedoch greifen auch hier Distancing-Maßnahmen, um die Krankheit einzudämmen. Der Rat der Spezialisten lautet: Hören Sie denselben Wortlaut mehr als zwei Mal gleichlautend von einem oder sogar mehreren Menschen (meist Politikern), verwenden Sie sofort einen Hörschutz und halten Sie größtmöglichen Abstand!

Britta Merkle-Lücke

Dort unten

Ein lauer Abend im August. Ich stehe auf meinem
Balkon und lausche den fröhlich klingenden Stimmen auf der Terrasse unter mir. Es duftet köstlich
nach gegrillten Würstchen und frisch gebackenem
Baguette. Teller klappern, Gläser klirren. Ein Stuhl
schrapt über Steinfliesen. Irgendwo in den Bäu-
men unseres Gartens schimpft sich ein Vogel die
Seele aus dem Leib. Was mag ihn wohl derart erzürnen? Vielleicht ein schlechter Tag oder gar die
Menschen, die dort unten ausgelassen feiern und
sich scheinbar sorglos zuprosten? Auch ich wäre
jetzt so gerne ein Teil dieser geselligen Runde.

Wehmütig spähe ich über die Brüstung, in der
Hoffnung, einen Blick auf das Geschehen zu er-
haschen – sehe aber nur den Kopf eines weiß la-
ckierten Schaukelpferds mit wilder schwarzer Mäh-
ne. Neugierig geworden laufe ich auf die andere
Seite des Balkons und lehne mich weit über das
Mauerwerk. Nun entdecke ich Heike und Gerd,
die in diesem Jahr die Sommerparty für unser
Mehrfamilienhaus ausrichten. Mit einem Bierkrug
in der einen und einer Grillzange in der anderen
Hand steht Gerd am Grill und wendet Würstchen.
Heike, die auf einer Bierkiste daneben hockt, bemerkt mich und winkt mir lachend zu. „Willst du
nicht doch herunterkommen? Das ganze Haus ist
da." Ihr Versuch, mich zu überreden, macht mich
wütend, weiß sie doch genau, warum ich dieses
Mal nicht dabei sein kann. Wut geht über in Trau-
er, die mir die Kehle zuschnürt. „Wie gerne wäre
ich jetzt bei euch dort unten und nicht wie eine

Aussätzige einsam in meiner Wohnung!", möchte ich meine Seelenqualen in die Welt hinausschreien. Stattdessen lächle ich nur müde und schüttle resigniert den Kopf.

In der Hosentasche vibriert mein Smartphone. Ein Blick auf das Display, ein Tipp mit dem Finger zum Öffnen der Messenger-App und mein Herz wird noch schwerer: Inga und Thorsten, zwei gute Bekannte, haben mir ein Selfie geschickt. Beide posieren strahlend und braun gebrannt an einem Strand vor der unendlichen Weite des azurblauen Meeres. „Sonnige Urlaubsgrüße aus Nizza. Bei herrlichem Wetter und bester Verpflegung genießen wir das Leben." Sekunden später die Pushnachricht einer Presseagentur: „Zahl der Corona-Infektionen steigt auf neuen Höchststand seit Mai". Das Bild einer heilen Welt zerbricht.

Verstört gehe ich zurück in meine Wohnung und versuche die Widersprüche zu verstehen. Meine Gedanken wandern zu Heike und Gerd, die dort unten so ausgelassen feiern. Durch ihr Alter und ihre Vorerkrankungen gehören beide zur Risikogruppe. Heike arbeitet als Krankenschwester an der hiesigen Uniklinik und Gerd unterrichtet an einem Gymnasium unserer Stadt. Würde sich einer der beiden mit dem Virus infizieren, wären der Partner, die Familie – einschließlich der beiden kleinen Enkeltöchter – und viele weitere Menschen sicherlich gefährdet. Wohl auch die fröhliche Runde dort unten. Sind sich Heike und Gerd dessen bewusst? Schätzen sie die Wahrscheinlichkeit, sich zu infizieren, als so gering ein oder verdrängen Sie ihre Ängste – auf der ewigen Jagd nach Abwechslung und Spaß?

Ein weiteres Mal betrachte ich das Selfie von Inga und Thorsten. In ihrer Welt gibt es kein Virus, nur lästige Corona-Verordnungen, die sie zwar befolgen aber für völlig überzogen halten. Jetzt sind sie für drei Wochen nach Südfrankreich geflogen, weil, wie Inga unlängst meinte: … das Leben viel zu kurz sei, … das Böse sowieso immer nur die anderen träfe, … Verzicht ja nur die Selbstverwirklichung behindere.

Wie verantwortungsvoll gehen wir eigentlich mit uns selbst um? Ist vielen Menschen ihr eigenes Leben so wenig wert, dass sie es riskieren, an diesem teuflischen Virus zu erkranken und sogar einen einsamen Corona-Tod in Kauf nehmen?

Ein lauer Abend im August. Noch einmal trete ich hinaus auf meinen Balkon und lausche den fröhlich klingenden Stimmen auf der Terrasse unter mir. Ich wäre so gerne ein Teil dieser Runde. Doch in Zeiten von Corona könnte sie tödlich sein für mich, denn ich habe Leukämie.

Seit mittlerweile vier Jahren

Die Nahrung, die Karl zum Frühstück zu sich nimmt, hat sich in dieser Zeit nie geändert. Zwei Scheiben Toastbrot, bestrichen mit Rama-Butter und Marillenmarmelade, und eine große Tasse mit Kaffee (halb Kaffee, halb Milch) mit extra viel Süßstoff. Diese Routine der Essgewohnheit scheint ihm Sicherheit zu geben.
Vor jedem Frühstück wird die Körperpflege vorgenommen. Auch das ist Routine. Da Karl aber bettlägerig ist, werden alle Tätigkeiten im Bett durchgeführt. Beim Waschen und Windelwechseln macht er seine Augen kaum auf. Im Laufe dieser Handlung erwacht er aber mehr und mehr, und seine morgendlichen Fragen über mein Befinden erfolgen im Zuge dieses Aufwachens. Jeden Morgen das völlig gleiche Verhalten. Wunderbar!

Seit mittlerweile vier Jahren.

Nach dem Frühstück wird ihm dann die Tageszeitung von mir vorgelesen. Immer wieder fällt er kurz in einen Powernap. Da ihn die Morgentoilette und das Frühstück doch anstrengen, ist ihm eher meine Anwesenheit als das Vorlesen der Nachrichten aus der Zeitung wichtig. Wenn ich merke, dass er wieder in den Schlaf gleitet, versuche ich meine stimmliche Lautstärke zu reduzieren, was in völliger Stille mündet. Schon nach kurzer Zeit öffnet er abermals die Augen, um einen kontrollierenden Blick auf mich zu werfen. Langsam beginne ich weiter vorzulesen. In der letzten Zeit schläft er dann meistens wieder ein. So kann

ich mit meiner Morgentoilette beginnen. Dieser
Ablauf ist mehr oder weniger tagtäglich derselbe.
Wunderbar!

Seit mittlerweile vier Jahren.

Nach Erledigung der notwendigen Dinge des Alltags versuche ich meine eigene Arbeit anzugehen.
Der Vorteil ist, dass sich meine Werkstatt auf
demselben Grundstück befindet, auf dem ich
wohne. Mithilfe eines Babyphons kann ich pro-
blemlos Karls Aktivitäten verfolgen. Durch das
Eintauchen in meine Arbeit gelingt es mir auch
immer wieder, die tägliche Situation erträglicher zu
machen. Sei es durch das Malen mit Farbe, das
Modellieren mit Ton oder einfach das Lesen eines
Buches. Die Beschäftigung mit meiner Arbeit ist
natürlich durch Karl zeitlich begrenzt. Um 12 Uhr
muss nämlich das Mittagessen für Karl zubereitet
werden. Eine Verschiebung der zeitlichen Eintei-
lung ist für ihn belastend und erzeugt Unruhe und
Angst. Daher versuche ich meine Zeiteinteilung
auf Karl abzustimmen.

Seit mittlerweile vier Jahren.

Obwohl der Umstand für Außenstehende fast nicht
bewältigbar erscheint, habe ich mich mit diesem
Alltag arrangiert. Die gegenseitige Wertschätzung
hat sich intensiviert. Die Hektik ist einer Lang-
samkeit gewichen. Die Angst, etwas versäumen zu
können, hat die Konzentration auf den Moment
abgelöst. Das oberflächliche Dahindriften in der
Wahrnehmung wird mittlerweile fast schon unbewusst von einer Genauigkeit beim Betrachten von
Dingen verdrängt. Das oft propagierte schöne, ho-

he Alter zeichnet in der Realität ganz andere Bilder und erzeugt dadurch auch Würde. Dieser Eindruck verstärkt sich seit Jahren.

Seit mittlerweile vier Jahren.

Für Karl und mich hat sich in den vergangenen sechs Monaten nicht viel verändert. Zurückgeworfen auf sich selbst sei man in der Situation, wie man des Öfteren liest. Aber war das nicht schon immer so? Nicht nur bei der Geburt und beim Sterben, sondern auch im ganzen Leben – und nicht erst

Seit mittlerweile sechs Monaten.

Der Lockdown war nicht bewusst wahrnehmbar. Der Alltag hat sich für Karl und mich im Wesentlichen kaum verändert. Die Treffen mit Freunden am Abend, der Besuch diverser Vernissagen, Ausstellungen, Kinovorführungen, Theateraufführungen oder Opern sind nicht mehr möglich.

Seit mittlerweile vier Jahren.

Das ist nicht bedauerlich, sondern einfach nicht möglich. Ganz zu schweigen von längeren Aufenthalten außer Haus wie kurzen Städtereisen oder ein paar Tagen auf einer Alm. Wunderbar! Dieses Runterfahren meines gesellschaftlichen Lebens passierte vor nicht erst vor sechs Monaten.

Sondern vor mittlerweile vier Jahren.

Die Umstellung erfolgte nicht einfach so, aber geschah erstaunlich schnell. Das Leben musste zwar

neu geordnet werden, aber die wesentlichen Dinge
waren rückblickend doch gleichgeblieben. Zuerst
sah ich die Pflegebedürftigkeit von Karl als eine
unüberwindbare Bürde, die sich aber im Laufe der
Zeit zu einem im Moment kaum wegzudenkenden
Begleiter entwickelte. Verschiedene Dinge wurden
neu bewertet und auf ihre Notwendigkeit geprüft.
Erstaunlich, wie sich plötzlich viele Dinge als fast
erdrückender Ballast darstellten. Nicht nur materi-
ell, sondern auch ideell wurde ausgemistet. Der
anfänglich angenommene Verlust an Möglichkeiten, die eine Stadt einem bietet, stellte sich schnell
als Gewinn dar. Das Bewusstsein der Möglichkeiten reichte schon völlig aus. Ich hatte wieder Zeit,
Bücher zu lesen – nicht nur Fachliteratur für die
Arbeit, sondern auch Bücher, die einen imaginären Mehrwert erzeugten. Auch die Beschäftigung
mit vermeintlich nebensächlichen Dingen wurde
mit einer intensiven Resonanz belohnt. Der gesamte Tagesablauf bekam eine neue Ordnung, erfolgte viel überlegter. Es gab nie mehr das Gefühl
des Etwas-versäumen-Könnens oder nicht am
Puls der Zeit zu sein. Das objektive Beleuchten
aus der Distanz erfüllt mich mit Ruhe. Dieser pri-
vate Lockdown fand nicht vor circa sechs Monaten statt.

Sondern vor mittlerweile vier Jahren.

Dieser hatte in seiner Form eine Notwendigkeit
und gleichzeitig auch eine Richtigkeit für mein Leben. Es war ein fast mit hellseherischer Vorah-
nung verbundener Glücksfall, gut vorbereitet zu
sein auf die aktuelle, fast unmöglich zu beschrei-
bende Situation. Den gemeinsamen Nenner zwischen sich selbst und seiner nächsten Umgebung

zu finden. Froh darüber zu sein, so nah am eigenen Sein-in-der-Welt zu sein und keinem rasenden Stillstand nacheifern zu müssen. Notwendige Tätigkeiten bewusst und mit Bedacht zu erledigen. Die Reduktion aufs Wesentliche als Chance zu sehen und nicht als Verlust wahrzunehmen. Einerseits bin ich zutiefst dankbar für diese Zeit der Testphase vor dem Lockdown, die sich seit circa sechs Monaten als Realphase darstellt, aber viel früher begann.

Vor mittlerweile vier Jahren.

Wenngleich der laute Wunsch nach einer geläuterten Gesellschaft schon wieder leiser wird, so bleiben hoffentlich doch ein paar Kratzspuren übrig, die uns immer wieder an diese unbeschreibbare Jetztzeit erinnern werden.

Julia Costa

... ?

(oder sorry, ich hab die Pandemie vergessen)

zweitausendzwanzig
einmal alles herunterfahren, einmal Stille
einmal kein Flugverkehr, kaum Autos
die Geschäfte geschlossen, die Fabriken
die Kinos, die Gasthäuser, Konzerträume
die Straßen leer
einmal ist es in den Städten ruhig geworden
kommen jetzt die Delphine
in die Lagunenstädte zurück?
alle haben sich so darüber gefreut
es waren Fake News
aber trotzdem hat das etwas zu bedeuten

ändern sich jetzt die Gefüge, die Luftqualität?
oder ist alles schon wieder vorbei?
war das ein kurzer Dornröschenschlaf?
und was wird da jetzt wieder wachgeküsst?
rennen wir wieder alle in den Städten herum
und kaufen Dinge, die wir nicht brauchen
machen wir weiter wie bisher?
gehört die Menschheit eigentlich dezimiert
und arbeiten wir fleißig daran?
oder sind wir einfach nur beschädigt?

können wir eingesperrt werden?
von einem Tag auf den anderen
hängen Zettel an unseren Türen
man darf bei Strafe nur noch
aus drei Gründen aus dem Haus gehen
um einzukaufen für sich oder andere
um zu arbeiten

um spazieren zu gehen
wenn es wirklich ganz dringend nötig ist
man soll niemanden besuchen
aber später wird behauptet
das hätte nie jemand gesagt
passiert das wirklich
oder ist es ein seltsamer Traum?

und passiert das wieder und wieder
dass die Grenzen geschlossen sind?
für Menschen von anderswo
ist das schon lange so
(außer sie arbeiten auf den Feldern
in den Fabriken, in den Schlachthöfen)
und wir hier haben keine Ahnung, wie das ist
auch jetzt nicht
aber trotzdem frage ich mich

und im Bus sitzen die Menschen
mit Masken im Gesicht
wie schnell man sich an Dinge gewöhnt
an Bilder
und wie man sich zugleich
niemals daran gewöhnen kann

wir weichen uns aus
wir lächeln vielleicht
winken, als wären wir weit weg voneinander
berühren uns mit den Ellbogen
oder mit den Fäusten
falten die Hände, machen eine kleine Verbeugung
sagen scherzhaft *Namaste*
statt uns zu umarmen, uns zu küssen

manchmal streckt eine Person
einer anderen die Hand hin

und die andere Person nimmt sie nicht
mit einem entschuldigenden Lächeln
manchmal schaut die erste Person fragend
… ?
und sagt *oh, sorry, ich hab die Pandemie vergessen*

an anderen Tagen vergessen wir die Regeln
oder tun so, als ob es sie nicht gäbe
und treffen uns und umarmen uns
und laden Freunde zu uns ein
hören laute Musik und tanzen
bis die Polizei kommt

wir zählen jeden Tag die Ansteckungen
wir testen alle mit Symptomen
und die Kontaktpersonen
wir zählen die aktiv Positiven, die Genesenen
die Verstorbenen
wir müssen in Quarantäne
wir bekommen Anrufe von Behörden
wir glauben nicht an die Testungen
wir bleiben in Quarantäne
auch wenn die Tests negativ sind
wir machen Statistiken
wir fürchten uns oder glauben nicht daran
oder nehmen alles nicht so ernst
oder schwanken hin und her und hin und her
wir lesen und schreiben Dinge im Internet

wir wollen nicht sterben, wir bekämpfen den Tod
wir wollen sterben dürfen
wir brauchen einen Platz für die Krankheiten
wir wollen nicht allein gelassen werden

wir feiern heimlich in einer Schlucht
wir treffen uns in einem Kino

wir sitzen nebeneinander
obwohl wir nicht im selben Haushalt wohnen
wir haben uns noch niemals in unserem Leben
Gedanken über diese Dinge gemacht
sollen wir das jetzt?

die Maskenpflicht wird eingeführt, verworfen
wiedereingeführt
ist niemand in unserem Umfeld krank
klopfen wir auf Holz
anderswo werden Eishallen zu Leichenhallen
umfunktioniert

die Schulen werden geschlossen, geöffnet
wieder geschlossen, wieder geöffnet
es gibt Systeme über die sich alle aufregen
Ampeln und ihre Farben

wir haben Sommerferien, wir verreisen
und halten uns an die Verhaltensregeln
wir hören Nachrichten
es gibt Länder
die aus irgendwelchen Abkommen aussteigen
es fliegen wieder Flugzeuge, aber weniger
es gibt in den Zügen bis zu 40 € Strafe
beim Nichttragen der Maske

die Schulen öffnen wieder mit Auflagen
wir können manche nicht einhalten
weil die Räume zu klein sind
wir tragen Masken in den Gängen
wenn wir drei Sekunden nicht hinschauen
stehen die Kinder ohne Abstand beieinander
wir singen und sporteln nur im Freien
wir bekommen hundertsiebenundzwanzig Mails
mit Updates über die Coronamaßnahmen

es dürfen nur zehn Leute in einem Raum sein
wir gehen mit Masken einkaufen
wir gehen mit Masken ins Theater
wir gehen mit Masken in Lokale
an den Tischen dürfen wir sie abnehmen
die Leute, die die Maske vergessen haben
halten sich den Pullover über Mund und Nase
wir geben überall unsere Daten bekannt
wir werden informiert und in Quarantäne
geschickt, wenn jemand positiv getestet wurde
wir sind müde von der Informationsflut
und davon nichts genau zu wissen

wir fürchten uns vor der Rezession
Geschäfte schließen
Umsatzeinbußen
wir wissen nicht, wann wir unsere nächsten
Konzerte spielen können
unsere Shows, unsere Theaterstücke
unter welchen Bedingungen
und wann wir wieder normal öffnen können
und ob überhaupt

Banksy sprayt schon vor Monaten
Ratten mit Masken in die U-Bahn
jemand singt im Video: *I get locked down
but I get up again*

und wir verlieben uns und mögen uns
und ärgern uns und trennen uns
wir zweifeln und verlieren und finden uns
da wachsen Bäume und blühen Dinge
wir packen unsere Sachen ein und aus
wir übersiedeln von einem Stadtteil
in einen anderen

wir tragen unsere Rucksäcke hinauf in die Berge
und wieder herunter
wir fahren mit Fahrrädern über die Brücken
oder mit Autos
wir schreiben Bewerbungen
kündigen, beginnen neue Jobs
machen Ausbildungen
da zwitschern Vögel im Garten
da wächst unser Gemüse
da werden die Mülltonnen geleert
da erfährt jemand Geborgenheit
und jemand Gewalt
und jemand eine Mischung aus beidem
die den Verstand zerteilt
da wird etwas verraten
und da etwas bewahrt
da wird etwas gebastelt, gespielt, etwas gekocht

wir sind inmitten der Dinge
und das Leben ist im Grunde immer dasselbe

Dida Albert

Nachsommer mit Maske

An der Wäscheleine im Hinterhof des Wohnhau-
ses schaukelte eine Kette bunter Gesichtsmasken
in einer leichten Nachmittagsbrise. Als Heidrun
Weiser nach Hause kam und durch die Hoftür die
ausgebeulten Stoffstücke sah, musste sie an die
Oberteile der Bikinis denken, die sie dort immer
nach der letzten Wäsche der Saison zum Trocknen
aufhängte, um sie später in einer Schachtel ganz
hinten im Kleiderkasten einzuwintern. In diesem
Jahr hatte sie ihre Bikinikollektion gar nicht erst
hervorgeholt und sie auch nicht wie sonst mo-
disch aufgebessert. Das feuchtkühle Wetter von
Mai bis September und die lärmenden Menschen-
massen, die an den wenigen sonnigheißen Tagen
zu ihren Lieblingsplätzen am Wasser geströmt waren, hatten ihr jede Lust auf Badeausflüge genommen.

Wie die meisten Hausparteien hatte Heidrun Weiser in diesem Sommer darauf verzichtet, dem All-
tagstrott für eine Weile den Rücken zu kehren und
wegzufahren. Anstatt mit Besichtigungstouren
durch von Tagesbesuchern überlaufene Städte und
Landstriche oder Sonnenbaden am überfüllten
Strand hatte sie sich deshalb die Zeit mit Wald-
spaziergängen im Umland, mit Lesen, Maskennä-
hen und Kräutergarteln auf dem Küchenbalkon
oder gelegentlich auch mit Kochen und Backen
vertrieben. In der Stadt zu bleiben, hatte sie nicht
einmal als Opfer empfunden, weil ihre Ferienrei-
sen, so viel Spaß sie ihr auch machten, schon immer mehr gesellschaftliche Erwartungen erfüllten

und weniger eigenes Fernweh stillten. Einsamkeit hatte sie ohnehin nicht fürchten müssen, weil ihr dieses Gefühl völlig fremd war.

Die einzigen im Haus, die sich ein Urlaubsvergnügen im Ausland nicht hatten nehmen lassen, waren Stefan Schaden und Valerie Boom. In der zweiten Augusthälfte war das feierfreudige Paar nach Kroatien ans Meer abgefahren und nach vierzehn Tagen braungebrannt, aber keineswegs gut erholt zurückgekehrt. Auf Heidrun Weiser hatten sie sogar erschöpft gewirkt, als sie aus dem Auto gestiegen waren, und danach hatte sie die zwei tagelang nicht gesehen. Von Ahmed aus dem Supermarkt, der ihnen die Einkäufe und manchmal auch Medikamente aus der Apotheke brachte, hatte sie jedoch erfahren, dass die jungen Leute nach dem Gratistest für Urlaubsrückkehrer, die sich die zweiwöchige Selbstisolation ersparen wollten, unter Quarantäne gestellt worden waren. Es bestand kein Zweifel, dass es zumindest einen von ihnen schlimm erwischt hatte. Mehr als eine Woche lang war fast ständig Husten aus der Wohnung zu hören gewesen, doch niemand hatte gewusst, wessen Lunge sich so krampfhaft und laut gegen die Infektion wehrte. Erst als Stefan Schaden eines Abends mit dem Rettungswagen weggebracht worden war, hatte sich das Rätsel von selbst gelöst.

Oben warf jemand eine schwere Eingangstür ins Schloss und sperrte ab. Danach hallten im Stiegenhaus die Stimmen mehrerer Frauen und Schritte wider. Offenbar funktionierte der Lift schon wieder nicht. Heidrun Weiser blieb auf halbem Weg zum ersten Stock neben dem Stiegenhaus-

fenster stehen, um ihre Nachbarin Elvira Toth
und deren Tochter Effi samt slowakischer Pflege-
rin in angemessenem Abstand vorbeizulassen,
doch die Mittneunzigerin blieb mit den anderen
kaum zwei Schritte vor ihr stehen und drängte sie
so wortwörtlich noch weiter in die Ecke. Von den
Dreien hatte sich nur Jana eine Maske über Mund
und Nase gezogen, während es der hochbetagten
Frau egal zu sein schien, dass im ganzen Land eine
Pandemie wütete, die ihr selbst genauso wie ihrer
von einem Schlaganfall gezeichneten Tochter gefährlich werden konnte. Schon zu anderen Gelegenheiten war Heidrun Weiser an Elvira Toth diese schicksalsergebene Gelassenheit angesichts der
potenziell tödlichen Krankheit aufgefallen.

„Wissen sie schon das Neueste? Der Schaden liegt
im Krankenhaus auf der Intensivstation und wird
künstlich beatmet", plapperte die Alte unvermittelt drauf los. Sie versprühte dabei so viel Spei-
chel, dass Heidrun Weiser fast zu spüren glaubte,
wie die winzigen Tröpfchen in ihrem Gesicht lan-
deten, obwohl sie immer noch ihre Baumwollmas-
ke trug, weil ihr das ständige An- und Ablegen
beim Betreten und Verlassen geschlossener Räume längst zu lästig geworden war. Am liebsten
hätte sie sich zur Wand weggedreht so wie es die
Hausmeisterin seit Wochen tat, wenn sie irgendwo
im Haus jemandem begegnete, aber selbst unter
den gegebenen Umständen fand sie solches Be-
nehmen einfach unmöglich. Also hoffte sie, dass
es ein kurzes Gespräch würde.

„Als ihn die Sanitäter vorige Woche abgeholt haben, habe ich ihn von weitem schnaufen gehört.
Dabei kann er keine dreißig Jahre alt sein. Dass so

ein junger Mann ans Beatmungsgerät muss, hätte ich dann doch nicht gedacht", antwortete Heidrun Weiser schließlich. „Von wem haben sie es gehört?"

„Frau Boom hat mich angesprochen heute Früh vom Fenster. Hat wissen wollen, wie schlimm künstliche Beatmung für Patienten", brachte Jana sich in die Unterhaltung ein, „aber ich nicht sagen kann, weil seit Ausbildung nicht in Krankenhaus gearbeitet. Früher war gar nicht lustig."

„Hoff–entlich – wird er – wieder – gesund", presste Effi im eigentümlich abgehackten Singsang heraus, der für sie schon typisch war.

„Aber sicher! Er ist jung und kräftig. Was hab' ich als junges Mädl nicht alles überstanden … Scharlach, Kinderlähmung, dann die Nazis samt Bombenkrieg und am Ende auch noch Fleckfieber, Hungersnot und ein paar Jahre später eine komplizierte Geburt. Was ist dagegen eine schwerere Art Grippe? Mir macht die keine Angst. Wozu auch in meinem Alter! Es ist ja schon ein Wunder, wenn ich in der Früh wieder aufwache."

Darauf wusste Heidrun Weiser nichts zu antworten. Schließlich hatte die alte Frau Recht. Sie war erst Mitte vierzig, aber nicht einmal sie konnte sich völlig sicher sein, was der nächste Tag bringen oder ob sie ihn auch tatsächlich erleben würde.

„Warum tragen sie eigentlich immer noch so einen blöden Maulfetzen und verstecken ihr Gesicht?", fragte Elvira Toth. „August der Schöne hat sich schon längst so ein Ding aus durchsichtigem Plastik angeschafft. Er setzt es auf wie eine Brille."

„August der Schöne?"

„August Kallist, der Schönling, der zu seiner Dach-
wohnung immer Penthaus sagt und herumstolziert
wie ein Pfau."

„Ach der! Der ist doch nur zu eitel, um sich eine or-
dentliche Maske aufzusetzen. Außerdem will er
die blutjungen Mädchen, denen er in den Diskos
und Bars nachrennt, damit beeindrucken, wie gut
er ausschaut. Dabei muss er älter sein als ich ...
Aber egal. Soll er sich so ein lächerliches Schild
vors Gesicht hängen. Mir kann keiner erzählen,
dass das irgendwen vor einer Tröpfcheninfektion
schützt. Sogar ein Kind merkt gleich, dass ein solches Visier vollkommen für die Katz ist. Es ist ja
fast rundherum offen. Kein grobes Staubkorn
und kein bisschen Pollen filtert es aus der Luft."

„Sie sollten sich nicht so viele Gedanken machen."

„Ich denke gar nicht so viel über die Pandemie
nach. Ich habe nicht einmal Angst, dass ich mich
irgendwo anstecken könnte, aber deshalb muss ich
es ja nicht gleich herausfordern. Also tue ich, was
ich kann, damit ich gesund bleibe. Wenn ich trotzdem krank werde... dann soll es eben so sein. Und
wissen sie was? Mir gefallen meine Stoffmasken
und irgendwie trage ich sie fast gern. Ich verstehe
gar nicht, warum manche so tun, als müssten sie
sich einen Knebel in den Mund stopfen."

„Jeder wie er will!", sagte Elvira Toth und verab-
schiedete sich nur mit einem leichten Nicken.

Als das Frauentrio die Stiege nach unten polterte, ging Heidrun Weiser hinauf in ihre Wohnung und eilte sofort ins Bad, wo sie sich die Maske vom Gesicht riss und in die bereitgestellte, alte Waschschüssel aus Email warf, um später kochendes Wasser darüber zu gießen. Danach schäumte sie sich die Hände mit reichlich Seife ein und wusch sie mehr als die gebotenen dreißig Sekunden lang.

Stefan Walter

Non sequitur

Der Klimawandel, der nicht menschengemacht ist,
verlangsamt sich,
weil die Regierung, die nicht legitimiert ist,
beschlossen hat,
das Coronavirus, das völlig harmlos ist,
einzudämmen,
und dadurch der Autoverkehr, der nichts
zum Treibhauseffekt beiträgt,
weniger wird.

Bill Gates, der die Welt unterjochen will,
muss erst einmal Forschung finanzieren,
damit die Impfstoffe, die nicht wirken,
entwickelt werden,
nachdem er zuvor die Chinesen, die die
Weltherrschaft anstreben,
gekauft hat,
dass sie ein Virus entwickeln, das völlig
harmlos ist,
um ihre eigene Wirtschaft zu ruinieren.

Wuhan und Stuttgart, die beide ein U
und ein A haben,
hellen auf,
weil der Smog, der aus Chemtrails besteht,
verschwindet,
die die Regierung, die uns dumm halten will,
jetzt nicht mehr versprüht,
damit wenigstens die von uns, die am
klügsten sind,
die ganze Verschwörung erkennen.

Eva Maria Wagner

septembertag

auf den herbststraßen
sind wir leermenschen
atmen durch stoff
die luft ist sauer

in den geschäften
wird leben vermittelt
gemüse blickt in dosen
auf uns herab

reklame flimmert
die für nichts zu werben scheint
oder fühlen wir uns bloß
nicht mehr gemeint

eine dame legt sich auf
das kassenband gibt sich
als leergut wieder ab und
verlangt nichts zurück

Katrin Zimmer

Von der Entstehung der Lachkrönchen *oder* Wie man aus Corona das Beste herausholt

Ich bin eine bekennende Drückerin. Zudem Salsa-Tänzerin, Physiotherapeutin, Menschenfreundin. Es gibt kaum etwas, was in meinem Leben nicht mit Nähe zu tun hat. Glücklicherweise bin ich auch noch Mutter und Ehefrau, was es ein wenig leichter macht in diesen Zeiten.
Ich drücke alle Menschen, die ich gerne mag und die mich gerne mögen. Und all diese drücken mich zurück. Falsch jetzt, ich muss mich korrigieren: *drückten* zurück.
Körpernähe, Wärme und Geborgenheit gehören seit Monaten ja der Vergangenheit an. Im Wort wie in der Realität. Kann man Verpasstes wieder zurückholen? Aufholen, wenn es denn irgendwann hoffentlich wieder erlaubt sein wird? Wie viele Stunden müssten wir mit Drücken und Herzen verbringen, bis das Defizit wieder aufgeholt ist? In meinem Fall sicherlich viele. Ich habe keine Lust nachzurechnen, Mathematik war noch nie meine Freundin. Da halte ich es lieber mit dem Bauchgefühl. Das passt meistens auch ziemlich gut und ist auf jeden Fall persönlicher.

Auf der Arbeit tragen wir Masken, zum Einkaufen sowieso. In Bus und Bahn trägt man Masken, außerdem beim Arzt im Wartezimmer, im Restaurant bis zum Tisch, beim Bauer im Hofladen, in der Bank beim Geld abheben. Anfangs hat es mich zum Lachen gebracht, weil wir alle aussahen wie kleine Playmobilmännchen, die man gleich in die Regale stellt, zum Verkauf bereit. Es war surreal und unbequem. Heute ist es real und immer noch unbequem. Und lustig finde ich es auch nur mehr bedingt.

Wenn ich zum Arbeitsbeginn in der Praxis die Maske aufsetze, dann fühlt es sich an wie ein Fremdkörper mitten im Gesicht. Zugegeben, Hautunreinheiten sind in diesen Zeiten ebenso gut zu vertuschen wie ein Gähnen, wenn man es unauffällig anstellt. Umgekehrt muss man sich ungeheuer anstrengen, dass ein freundliches Lächeln als solches auch beim Gegenüber ankommt. Ich nehme an, dass wir alle mehr Lachfalten um die Augen haben werden, wenn diese Phase vorüber sein wird. Zumindest wir, die wir trotzdem noch ausreichend Spaß am Leben haben. Es sollte dann nicht mehr Krähenfüße heißen, sondern Lachkrönchen. Ich fände das nett, vielleicht werde ich zu gegebener Zeit eine Petition im Netz starten, wer weiß.

Zugegeben, die Masken haben noch mehr Vorteile, allen voran der Gedanke, dass wir andere vor einer Infektion schützen. Der ist nicht ganz unerheblich, weswegen es sich doch durchgesetzt hat, dass die Mehrheit der Bevölkerung sie mehr oder weniger freiwillig trägt. Ausnahmen bestätigen natürlich die Regel, aber das muss ja so sein, sonst wäre die Welt schrecklich langweilig.

Und hätten wir sie nicht, die Masken, dann müssten wir vermutlich noch viel mehr Abstand halten, als wir es – zumindest in der Theorie – ohnehin schon tun.

Die Leidtragenden in meiner Familie sind in dieser Zeit übrigens vermutlich meine Kinder. Sie sind Mädchen und mitten in der Pubertät. Vielleicht kann man es sich vorstellen wie es die arme Kinderseele belasten kann, wenn einem die anhängliche Mutter von früh bis spät Küsse ins Gesicht

205

drückt und einen mit Umarmungen überhäuft. Ich halte es ja gerne wie Olaf aus der Eiskönigin: ich liiieebe Umarmungen. (Ich erwähne das hier nur, falls es noch nicht bei allen angekommen sein sollte). Meine Mädchen tragen es freundlicherweise mal mehr und mal weniger mit Fassung.

Und sollten sie vor der Corona-Krise gefragt haben: „Gehst du denn schon wieder Salsa tanzen?", kehrt sich dieser Satz jetzt auf wundersame Weise um in „Wann gehst du denn endlich mal wieder Salsa tanzen?" Ich vermute, dass sie nicht alleine die Leidtragenden meiner Berührungssucht sein wollen und mir durchaus auch einmal andere Kontaktpartner wünschen. Nur zum Tanzen, selbstverständlich! Für den Privatgebrauch habe ich ja glücklicherweise meinen Mann, der als Einziger nicht unter meiner Suche nach Nähe leidet. Hoffe ich jedenfalls. Manchmal kann ich ihn allerdings auch nicht verstehen, wenn er etwas Unverständliches in meine Arme nuschelt, während ich ihn gerade wieder ganz fest drücken muss.

Zu unserem Haushalt gehören auch noch vier Haustiere, die hätte ich um ein Haar vergessen: Ein rot-weißer Kuschelkater, ein großer schwarzer Kuschelhund und zwei kontaktscheue Kaninchen. Da letztere im Garten in einem großen Gehege wohnen, können sie sich ziemlich gut vor mir verstecken. Ich nehme das nicht persönlich.

Man sagt, dass uns so eine Krise näher zusammenbringt. Ich weiß nicht, ich bin mir da noch nicht so sicher. Zu Beginn sind die Menschen alle sehr freundlich miteinander umgegangen, sie haben Rücksicht aufeinander genommen und sich in den Gängen des Einkaufsmarktes höflich mit den vorgeschriebenen Wägen umrundet. Früher hätte man einen Plausch Wagen an Wagen gehalten, heu-

te schreit man sich über die Gänge hinweg an und
versteht sich trotzdem nicht. Man winkt viel mehr
und ist auch sonst viel gestenreicher geworden.
Ich jedenfalls. Irgendwie muss man den Verlust
der Mimik ja ausgleichen. Ich schätze, dass das
Menschen mit Gebärdensprache sicher entgegen-
kommt, ich kenne nur leider keine, die ich fragen
kann.

Jedenfalls sollen die Menschen in der Krise mehr
zusammenrücken, mehr Wir-Gefühl entwickeln,
mehr gemeinsam durch die schwierige Zeit gehen.
Und genau da müssen wir feststellen, dass Sprache
und Bild manchmal leider sehr weit auseinander-
driften. Tatsächlich bildlich gesprochen. Wie soll
es denn funktionieren, das Aneinanderrücken,
wenn man einen Mindestabstand von einem Meter fünfzig halten soll? Und wie sollen die Menschen miteinander reden, wenn man sich schon
alleine wegen des Abstands gar nicht mehr richtig
verstehen kann? Also akustisch, versteht sich (nicht).
Und was machen Familien, die normalerweise gar
nicht mehr miteinander reden, weil sie nur noch
auf Handys und Bildschirme starren? Die plötzlich den lieben langen Tag Zeit dafür haben, gemeinsam am Tisch zu sitzen und sich auch sonst
nicht mehr aus dem Weg gehen können, weil die
Couch vom Zwei- plötzlich zum Viersitzer geworden und kein Garten vorhanden ist, in den man
sich flüchten könnte? Es ist nicht einfach, für niemanden. Da wünscht sich so manch einer die ge-
öffnete Schule zurück, in Extremfällen sogar das
Kind.

Die Nahen rücken also noch näher zusammen,
während sich die nicht so Nahen noch weiter voneinander entfernen. Dabei wäre eine Mischung
doch das Richtige. Aber wir können es nicht än-

dern. Es ist das Gebot der Stunde, wir müssen uns daran halten, und es ist in Ordnung so.

So eine Zeit wie die heutige habe ich noch niemals erlebt. Keiner hat das, den man fragt, egal wie alt er ist.

Deshalb sitze ich also hier und schreibe. Dafür habe ich mir schon lange nicht mehr die Zeit genommen. Und ich denke und tippe und merke, wie gut es mir tut. Es ist die Zeit, Dinge wiederaufzunehmen, für die wir sonst im hektischen Alltag keine Muße hatten.

Für die einen ist es das Gärtnern, für die anderen das Spazierengehen. Manche lernen eine neue Sprache und wieder andere schreiben eben, so wie ich.

Ich glaube, dass auch meine Töchter ihre Lehren daraus ziehen werden. Zumindest hoffe ich, dass sie verstanden haben, dass ihre Mutter sie ganz schön arg lieb hat, auch wenn sie ihnen im Nachhinein betrachtet manchmal bestimmt auf die Nerven gegangen sein wird. Moment mal, ist das nicht eigentlich die Aufgabe der Kinder? Das Den-Eltern-auf-die-Nerven-Gehen?

Ach, wie schön, dass man manchmal die Perspektive auf Dinge ändern kann. Irgendwie bringt doch diese Krise jeden auch ein bisschen weiter.

Leben mit Corona

Woche 0:   25. Februar – 1. März 2020
Ich (Mutter, Lehrerin und Frauchen) bin bei einer Freundin zu Hause. „Na, was haltet ihr von Corona?" Ihr Mann: „Meinst du das Bier?"

Woche 1:   2. – 8. März 2020
Hamburger Schulferien. Ich bin in Bensberg. Gespräch beim Warten auf die Straßenbahn: „Die Schule weiter oben, ‚op de Kaule', ist geschlossen, wegen Corona." Die Straßenbahn kommt. Sie ist voller Schulkinder, die aus Richtung ‚op de Kaule' kommen.
Die Leipziger Buchmesse wird abgesagt, auch die Manga-Comic-Con. Zum Glück haben wir viele Gutscheine bei ‚tauschticket.de'. Die Päckchen mit Mangas für die Tochter kommen fast täglich.

Woche 2:   9. – 15. März 2020
Zurück in Elmshorn, Mutter-Lehrerin horcht in sich hinein, wegen der Schulkinder. Mann-Vater hat Corona. Wahrscheinlich. Vielleicht ist es ein echter Männerhusten.
Die Tochter sagt, dass die Schule kommende Woche schließt. Keiner glaubt ihr.

Woche 3:   16. – 22. März 2020
Die Schulen schließen.
Oma und Opa sind auf Sylt. Dort sind sie sicher vor Corona. Aber nicht vor der Nachbarin mit Hauswart-Mentalität. Sie wird im Parkhaus alle Autos mit fremden Kennzeichen melden.

Oma und Opa reisen nach Hamburg. Mutter-Lehrerin kauft ein, mit 77 und 84 Lebensjahren sind Oma und Opa in einem Supermarkt mitten in Hamburg nicht gut aufgehoben.
Mutter-Lehrerin guckt ganz viele Nachrichten.
Bleiben Sie zuversichtlich.

Woche 4:   23. – 29. März 2020
Kontaktbeschränkungen, die Tochter ist einsam.
Kein Besuch von der Freundin aus Köln. Kein Austausch nach Frankreich.
Mutter-Lehrerin macht Fortbildungen online für digitalen Unterricht.
Hurra, Mutter-Lehrerin darf der Tochter das Periodensystem der Elemente erklären! Wer hätte das vor zwei Jahren für möglich gehalten.
Der Hund freut sich, dass alle zu Hause sind. Der Kater wäre lieber allein.

Woche 5:   30. März – 5. April 2020
Die Freundin von Mutter-Lehrerin, die in Madrid lebt und arbeitet, trägt zu Hause eine Gesichtsmaske. Sie hat Fieber und hustet. Ihr Sohn hat Muskelschwund, die starke Form.
Mutter-Lehrerin näht Gesichtsmasken aus alten T-Shirts.

Woche 6:   6. – 12. April 2020
Die Gastschwester von Mutter-Lehrerin in Amerika hat die Hochzeit ihrer jüngsten Tochter gefeiert, mit 50 statt 150 Gästen.
Die Schwiegereltern auf Zypern dürfen nur morgens einkaufen.
Der Hund besucht Oma und Opa in Hamburg und büxt aus. Die Tochter ist aus der Puste, Frauchen ist fertig und heult.

Woche 7:   13. – 19. April 2020
Der gute Freund in New York ist gesund. Er
kocht für seine Familie und darf mit dem Hund
raus. Seine Mutter steckt in Paris fest.
Die Freundin in Madrid ist wieder gesund, der
Sohn hat sich nicht angesteckt, Hurra. Einen Test
für Corona gab es nicht, aber als sie Chlorbleiche
anrührte, roch sie nichts. Gar nichts.

Woche 8:   20. – 26. April 2020
Maskenpflicht ab Mittwoch in Schleswig-Holstein.
Manche nennen es Maulkorb. Der Hund sagt dazu
nichts.
Mutter-Lehrerin singt jeden Dienstag. Der Hund
schweigt, zum Glück.
Eine Freundin der Tochter in Norditalien sagt im
Online-Unterricht statt „Ich lache mich tot" aus
Versehen „I'll kill myself". Da die Freundin Medi-
kamente nimmt, informiert die Lehrerin die Poli-
zei.

Woche 9:   27. April – 3. Mai 2020
Manche Menschen haben ganz schön viel Mei-
nung, aber wenig Ahnung. Mutter-Lehrerin sorgt
sich, sie ist Fan von Christian Drosten, dem
„Mann auf seinem Posten" (aus einem lustigen
Lied von Bodo Wartke).
Eine Freundin von Oma holt sich in München bei
Edeka Corona.

Woche 10:   4. – 10. Mai 2020
Mathe-Prüfungsaufsicht in Corona-Zeiten: Das
Fenster ist drei Stunden lang auf, alle sind durch-
gefroren. Die Maske darf nur am Tisch
abgenommen werden.

Oma meldet Entwarnung. Die Freundin ist wohlauf.
Der Kater hat eine Zecke am Maul, direkt neben einem Schnurrhaar. Zu zweit können wir ihm helfen.

Woche 11:   11. – 17. Mai 2020
Der Hund hat einen Magen-Darm-Infekt. Der Kater hat eine Zecke am anderen Ende. Zwei halten fest, eine dreht an der Zecke.

Woche 12:   18. – 24. Mai 2020
Zwei Promille. Das ist kein Alkoholpegel, sondern der Anteil der 80 Millionen Deutschen, die nachweislich Corona hatten.
Das wird noch dauern.

Woche 13:   25. – 31. Mai 2020
Die Tochter geht wieder tanzen: mit Anmeldung, bei offenem Fenster und mit Abstand.
Der Unterricht von Mutter-Lehrerin findet per Videokonferenz statt. Es loggt sich ein Drittel der Schüler*innen ein. Vor Corona kam ein Drittel zu spät.

Woche 14:   1. – 7. Juni 2020
Schreibkreis per Videokonferenz - leider sind manche rechnerlos. Also gibt es Aufgaben per E-Mail: Schreiben über Corona.

Woche 15:   8. – 14. Juni 2020
Wir trauen uns unter *Menschen*. Ein Einkaufsbummel in Hamburg mit meiner Tochter und der meiner Freundin aus Madrid. Das Mädchen wollte ein halbes Jahr in Hamburg zur Schule gehen.

Angeblich ist die Hamburger Innenstadt vormittags leer.

Vermutlich ist sie zwischen acht und neun Uhr morgens leer. Die Jugendlichen sind bereit, früh aufzustehen, wir treffen uns um zehn. Aus den 1,50 m Abstand werden 1,50 dm. Im Restaurant wollen sie wissen, wo wir wohnen.

Aber es ist schön. Die Jugendlichen lassen ein Bild zu, das wir an Mama in Madrid schicken. „Wie bei uns beiden!", kommt es zurück. Ja, sie ist auch eineinhalb Köpfe größer als ich.

Woche 16:   15. – 21. Juni 2020
Bei Sonnenschein auf der Terrasse meiner Quasi-Schwester-schon-immer-Freundin merkt man nicht, dass Corona ist.

Woche 17:   22. – 28. Juni 2020
Erzieher*innen arbeiten wieder mit ganzen Gruppen. Kinder haben genauso viel Virus im Rachen wie Erwachsene. Mein Kollege sagt, sie haben keine Lobby.

Woche 18:   29. Juni – 5. Juli 2020
Sommerferien! Die Tochter möchte un-be-dingt zur Freundin nach ... Norditalien. Erste Reiserückkehrer treiben dort die Zahlen in die Höhe. Venetiens Präsident Luca Zaia verhängt strengere Verordnungen. Arrivederci, Anna, das muss warten.

Woche 19:   6. – 12. Juli 2020
Kiel statt Schio im Veneto. Meine Freundin will mit der Fähre nach Laboe. Dem Hund ist noch übel von der Bahnfahrt. Ich gehe lieber shoppen. Die Freundin in Madrid heiratet, beide Kinder sind dabei: Die Tochter, zurück aus Deutschland,

und der erwachsene Sohn im Hightech-Rollstuhl. Na, und der spanische Papa natürlich. Bei unserem Besuch im Januar hat er meiner Tochter Spanisch beigebracht. Nur nützliche Wörter wie ‚joder' und ‚hijo de la puta'.

Woche 20:   13. – 19. Juli 2020
Mutter-Lehrerin plant den corona-sicheren Schulweg mit Auto und Rad. Bahn zur Rushhour muss nicht sein. Man wird ja regelrecht soziophob.

Woche 21:   20. – 26. Juli 2020
Spaghetti Bolognese in Osnabrück, Köln statt Schio im Veneto. Tropische Temperaturen im Auto, die Klimaanlage funktioniert – für eine halbe Stunde. Die Tochter urlaubt bei der Kindergartenfreundin, die Mutter ist fleißig mit der Schreibfreundin.

Woche 22:   27. Juli – 2. August 2020
Der Wagen streikt am Abend vor der Rückfahrt. Am Morgen in der Werkstatt ist alles okay. Kaum geht man zum Arzt, sind die Wehwehchen weg. Die Tochter findet das Haus von Onkel und Tante in Osnabrück sowie die Wohnung der Schreibfreundin in Köln wun-der-schön. Ich sollte zu Hause mal renovieren.
Zwischenstopp bei einer Freundin in Gütersloh, eine Ausfahrt hinter Rheda-Wiedenbrück. Sie musste sich dreimal testen lassen, um arbeiten zu können. Dank ihrer Dreistigkeit, Herr Tönnies. Und dass die Subunternehmer nun zu Tochterfirmen werden – so war das nicht gedacht, Herr Tönnies.
Meine Freundin hat einen Hund. Einen Dobermann. Dem ist entgangen, dass er kein Welpe

mehr ist. Er springt japsend mit den Vorderpfoten in die Luft und schnappt übermütig mit dem großen Maul ins Leere. Das ist beeindruckend. 1,50 m? Nö. Lieber 15 m.

Aber wenn der Kleine so dasitzt und man ihm die Brust krault, guckt er verzückt wie mein Pinscher-Mix zu Hause.

Mein Mix ist etwas größer als eine Fuß-Hupe. Am nächsten Tag wollen wir sie in Hamburg abholen. Sie ist ausgebüxt. Unter dem Kirschlorbeer machte sie einen Buckel und entschlüpfte. Opa ist untröstlich. Ich schwöre: Die nächste Anschaffung ist ein Panik-Geschirr. Ein Postbote weist uns die Richtung. Irgendwann haben wir sie, die freut sich so riesig, dass sie pieschert.

Sonntag feiern wir den Geburtstag meiner Tante und den ihres Zwillings nach. Der war im Mai.

Nicht alle verstehen mein Abstandsbedürfnis. Ich war in Köln in der Hohen Straße shoppen, die Verwandtschaft war in Bayern. Das mit den Aerosolen ist noch nicht bei allen angekommen.

Die ältere Verwandtschaft versteht Mutter-Lehrerin. Bis auf einen. Der ist unverwundbar. Das ist alles übertrieben. War er protestieren?

Woche 23:   3. – 9. August 2020
Drei Tage vor Schulbeginn bekommen alle Hamburger Lehrer*innen einen Brief vom Schulsenator. Danach bin ich verwirrter als zuvor. Die Schulleitung weiß kaum mehr. Es gibt Masken geschenkt und 3 Tests bis zu den Herbstferien umsonst, ich fühle mich nicht sicher.

Woche 24:   10. – 16. August 2020
Lehrer A. G. hatte Schupfen. Und ein Attest. Mutter-Lehrerin hatte sich schon gewundert, was er in

der Schule macht. A. G. nimmt das Virus so ernst, wie es das verdient.

Mittwoch, ein Schüler kommt zu mir. Ich höre nur: „Mutter, WhatsApp, Firma, Corona, was soll ich machen?" Ich mache einen Schritt zurück. Der Schüler geht nach Hause. Ein anderer Schüler desinfiziert schnell den Tisch – er hat Asthma. Da ist auch schon die Abteilungsleitung: Wir machen erstmal – nichts. Erst, wenn der Schüler selbst Corona hat, meldet sich das Gesundheitsamt. Hoffentlich.

Aber all die schicken Masken. Mutter-Lehrerin trägt ihre mit der Innenseite nach außen, denn es steht „Küssen verboten" drauf. Die von C. Z. ist knallig pink. Ihre Tochter sitzt mit zwei Dutzend Kindern in einer Containerklasse. C. Z. traf die Mutter einer Klassenkameradin. Sie war mit den Geschwisterkindern auf dem Weg zum Arzt, um einen Corona-Test zu machen, weil sie Symptome hatten.

Woche 25:   17. – 23. August 2020
Der Schüler ist wieder da. In der Firma der Mutter gab es Corona, er und sie haben es nicht. Was wir erst erfahren, als der Klassenlehrer hinterhertelefoniert.

Woche 26:   4. – 30. August 2020
Der Schulsenator nimmt das Virus nicht so ernst, wie es das verdient. AHA ist laut Robert-Koch-Institut das, was uns schützt. Am Arbeitsplatz sollen Masken getragen werden, wenn der Mindestabstand nicht eingehalten werden kann. In der Schule nicht.

Woche 27:   31. August – 6. September 2020
Drosten is back. Ich bin glücklich.
Ich stecke mit siebenundzwanzig Schülern und einer Schülerin in einem Raum. Die Jugendlichen wohnen in WGs oder zu Hause, manche mit den Großeltern zusammen. Sie machen Sport, treffen sich mit Freunden und feiern. Beschäftigt sind sie bei verschiedenen Firmen, dort arbeiten nicht nur junge und gesunde Kollegen. Einige sind frisch aus den Ferien zurück.
Das ist unverantwortlich. Das geht besser, gerade an einer beruflichen Schule. Mutter-Lehrerin benutzt diverse schmutzige Wörter, um ihrem Unmut Luft zu machen. Nicht vor den Schülern. Obwohl, die kennen ganz andere Vokabeln.
Ich habe eine super-sichere Maske. Da kommen 99% der Viren nicht durch. Leider kommt auch nicht viel Luft durch, im dritten Stock keuche ich vor Sauerstoffmangel. Man kann diese Maske 60-mal waschen – in kaltem Wasser.

Woche 28:   9. – 13. September 2020
Hab' die Chemielehrerin gefragt, wegen der supersicheren Maske. „Nimm viel Seife, das zerstört die Lipidschicht von Viren und Bakterien. Dann muss das Wasser nicht heiß sein." Ein Blick auf das eingenähte Schild: Kalt waschen. Ohne Seife. Na, toll.

Woche 29:   14. – 20. September 2020
Montag Morgen radeln in der Kälte. Dienstag in den Körper hineinhorchen. Ist das Fieber? Ja. Mittwoch ist es weg.
Wir haben einen Ort zum Schreiben, ein Theaterschloss mit Zugbrücke. Und ein Dilemma:

Fenster auf, Aerosole raus und Mücken rein? Oder Risiko.

Woche 30:   21. – 27. September 2020
Es sind Prüfungen. Unter den Prüfern sind zwei Risikogruppenmitglieder. Ich horche in mich hinein. Ich glaube, das ist Fieber.
Das ist Fieber, also zum Testen. Berner Heerweg 124 – der Container ist geschlossen. Der in der Stresemannallee hat auch zu, das weiß ich von den Kollegen. Soll ich im Feierabendverkehr zum Hauptbahnhof? Wann schließen die? Also schnell nach Elmshorn zum Krankenhaus-Testzentrum. Das ist nur noch für Reiserückkehrer. Hamburg ist denen nicht weit genug weg. Mist.
Zum Hausarzt. Er ist ziemlich alt und ziemlich mutig, guckt mir sogar in den Hals. Sein Urteil: Vermutlich kein Corona, krankgeschrieben für den Rest der Woche, kein Test.
Aber ich bin nervös. Und ich habe 3-Joker-Freitests vom Hamburger Schulsenator. Also: Formular von der Schulleitung besorgen (dauert bis Donnerstag Morgen), ab in die Bahn zum Hauptbahnhof. Dort die Frage: „Haben Sie Symptome?" „Leichte." „Gehen Sie zu einer der Notfallpraxen. Die öffnen um 19:00 Uhr." Ich würde jetzt gerne schreien.
Notfallpraxis – holt man sich da Corona, wenn man es nicht schon hat?
Nein. Aber das Stäbchen hinten im Hals kitzelt so sehr, dass ich die Testerin anhuste. Das Ergebnis ist negativ. Das finde ich positiv.
Nächste Woche wechseln die Klassen in der Berufsschule. Zwei mal siebenundzwanzig andere Schüler*innen in einer Klasse, ohne Maske. Ich

hab' Angst. Aber damit verdiene ich unsere Bröt-chen.

Leben mit Corona – was ist richtig?

AHAL: Abstand, Hygiene, Alltagsmaske und Lüf-ten ist nicht falsch.

Bleiben wir gesund, so gut es geht.

Annemarie Regensburger

Hoffnungszeichen

Ein klarer Herbstabend –
trotz oranger Ampel
Kulturprojekt wagen
wo Sill und Inn
sich vereinen
> world rivers day <
zelebrieren
Texte und Musik
fließen ineinander
Rauschen der Flüsse
im Hintergrund
Mond tritt fast rund
hinterm Glungezer hervor
Menschen kommen vorbei
bleiben stehen
hören zu
trotz Abstand halten
Nähe –
endlich wieder spüren
dass Kultur
keine Zutat
sondern Sauerstoff
eines Landes ist

Monika Schwärzler

Schutzengel on Demand

Es ist Corona Zeit. Ich gehe unbehelligt durch die Straßen, weiche niemandem aus, setze mich entspannt der Stoßatmung von Joggern aus, wehre nicht die Kinder ab, die auf mich zulaufen und greife nach dem noch nicht desinfizierten Einkaufswagen. Den angstvollen Blicken um mich begegne ich mit Nonchalance.

Mir kann nichts passieren, denn ich gehöre zur Generation derer, denen in gut katholischer Tradition ein Schutzengel beigestellt wurde. Diese Spezialeinheit zur Erhaltung kindlicher Funktionstüchtigkeit trat ihren Dienst bei der Geburt an, vorausgesetzt natürlich man ließ sich taufen und erwarb sich damit dieses Recht auf persönlichen Schutz. Schutzengel waren unauffällig präsent und hielten ihre Hand in der Art eines kleinen Regenschirms oder mobilen Carports schützend über einen. Regentropfen schlugen dann weit entfernt von einem ein. Schutzengel wurden aktiv, wenn Kinder Brücken überquerten, an reißenden Bächen entlanggingen oder gefährlich nahe an Abgründe gerieten. Dann sprangen sie ein und verhinderten Hals- und Beinbruch. Anders als Gott, zu dem man die Verbindung halten musste und der seinen Glaubenstribut forderte, war die Beziehungsarbeit mit Schutzengeln nicht aufwendig. Man konnte ihre Existenz zeitweise vergessen und trotzdem sicher sein, dass sie zur Stelle waren, wenn es brenzlig wurde. Als Lichtgestalten schienen sie Illoyalität in Zeiten von Sicherheit und Glück nicht übel zu nehmen. Überhaupt waren sie alterslos jugendliche Wesen mit eleganten, gut gewarteten Flügeln und bequem wallenden Gewändern in der Farbe von Klinikpersonal. Das Besondere an dieser katholischen Sicherheitseinrichtung war jedoch, dass jeder seinen eigenen Schutzengel hatte, der gebrieft, gewarnt und mit der Risikoanfälligkeit des Schützlings bestens vertraut war. Überraschenderweise schienen sie diese Zuteilung zu einer bestimmten Person auch nicht in Frage zu stellen. Auf den entsprechenden Bildern lächelten sie selig. Auch wenn manche von ihnen mehr gefordert waren als andere und ständig Einsätze zu fliegen hatten, war ihnen kein Ressentiment anzusehen. Mit einem Flügelschlag waren sie zur Stelle und dann wurde es nichts mit mutwillig herbeigeführten Adrenalinausstößen. Unweigerlich wurde alles gut. Als nachhaltig Beschützter konnte man nicht fallen, stürzen, ersticken, ertrinken, wie es einem beliebte, denn die Hilfe des Schutzengels verpflichtete. Trotzdem zu ertrinken, hätte möglicherweise undankbar und wenig vertrauensvoll gewirkt.

Neuerdings sind nun die Rettungsgassen für Schutzengel wieder weit offen und in Zeiten unterminierten Urvertrauens scheinen auch Erwachsene zunehmend bereit, den ursprünglich nur für die Dauer der Kindheit geschlossenen Vertrag mit den himmlischen Bodyguards zu reaktivieren. Der Bedarf an Schutz und Engeln ist offenbar so groß, dass es zeitweise schon zu guardian angel sharing gekommen sein soll. Auch nicht in naiven Kinderglauben Eingeübte sollen davon profitiert haben.

Gabriele Schneider

Der Schutzengel und die Wissenschaft
(oder: Die Profanisierung der Devotionalien)

Jeder Zeit ihre Ängste, jeder Angst ihr Mittel zum Heil.

Einst säumten Bildstöcke und Kreuze die alltäglichen Wege, schutzversprechend das Weihwasser gegen die sichtbaren und unsichtbaren Gefahren, das beruhigende Ritual: mit feuchten Fingerspitzen das Kreuz schlagen, falten, innehalten.

Heute sind es weiße Kunststoffapparate, die sich auf Schritt und Tritt entlang unserer täglichen Routen finden: ein kurzes Stehenbleiben, den Hebel drücken, ein paar Tropfen scharf riechender Lösung in den Händen verreiben – der Zweck ist ein vergleichbarer geblieben.

Wie einst Rosenkränze von den Rückspiegeln baumelten – wohlmeinende Mitbringsel aus Lourdes oder Maria Zell, die in spiritueller Kooperation mit magnetischen Christophorus-Plaketten Unbill fernhalten sollten – hängen dort nun weiß-hellblaue Zellstoffstreifen an einem Gummiband, oder bunt gemusterte selbstgenähte, die man sich gerne unter Freunden schenkt.

Einst waren es kunstvolle Darstellungen, Werke begnadeter Hände, die von Gut und Böse kündeten, vom erwünschten Verhalten und vom unheilbringenden – nun prangen zeitgemäß adaptierte Verhaltenskodizes in profaner Ablöse der Zehn Gebote als bunte Plakate mit Strichmännchen und

Piktogrammen omnipräsent am Eingang jedes öffentlichen Gebäudes.

Besiegte Gefahren haben Nachfolger gefunden, überwunden erachtete Ängste auch – die entzauberte und beherrschbar gewähnte Welt ist wieder ein Stück unkontrollierbarer geworden. Rationale Antworten schleifen sich in unsere tägliche Routine ein, banale Handgriffe, ohne den magischen Heilsanspruch der Rituale vergangener Tage und ohne das Vertrauen in eine unergründliche, aber allmächtige Instanz zu verströmen. Ohne Andacht kein Glaube an die Wirksamkeit?

Im breiten Spektrum der wuchernden Reaktionen ist der Grat zwischen Vorsicht vor realen Gefahren bis zu irrationalen Ängsten und kruden Theorien ein schmaler. Das Zweifeln – einst bestes Instrument von Wissenschaft und Aufklärung – wendet sich nun gegen sie. Die Tragödie einer Zivilisation, die ihren Zenit überschreitet und an ihren eigenen Errungenschaften zugrunde geht, ist nicht neu. Neu ist, dass es diesmal globalisiert die gesamte Menschheit treffen kann.

Hartmut Holger Kraske

Cool down lock down. Pandemie.

Cool down lock down. Pandemie.
Paranoia. Hysterie.
Leere Clubs. Musik vom Balkon.
Wir sperren uns weg. Isolation.

Maskiert, mit Abstand und gesichtslos.
Freiwillig. Solidarisch. Rigoros.
Die Welt bleibt zuhause, wartet am Fenster.
Wir sind gar nicht hier. Wir sind die Gespenster.

Blicke. Blicke. Keine Umarmung!
Handy-App. Corona-Warnung.
Sex darf sein. Aber nur allein.
Feuchte Aussprache kann tödlich sein.

Joggen gehen? Bitteschön!
Nicht in Gruppen. Nicht hier stehen!
Home-Office. Das muss reichen!
Business muss dem Überleben weichen.

Fernbleiben von Familienfesten.
Eingesperrt in unsichbaren Kästen.
Zwei Meter Abstand. Das sollte reichen!
Spezialisten ernennen sich selbst -
gehen über Leichen.

Wer? Wer zählt? Wer zählt all die Toten?
Mitten im Herbst … Frühlingsboten.
Ein Impfstoff muss her. Auf die Schnelle.
Schon ist sie da, die zweite Welle.

Cool down lock down. Pandemie.
Paranoia. Hysterie.
Weder wahr, noch schön, noch gut.
Wir haben es. Vielleicht. Im Blut.

Alt und krank heißt: Risiko!
Der Mensch. Ein Fehler. Sowieso.
Böse, wer nicht die Regeln kennt.
Du bist. Ein Risiko. Patient.

Cool down lock down. Pandemie.
Paranoia. Hysterie.
Wahrheit? Glaube. Nie!
Geld. Und? Pharma. Industrie.

Simon Gottwald

Das Gewölbe

Spinnengespinst wuchs aus den Ecken aller Zimmer in der Wohnung, wo es sich, einst fein wie Atem, zu dichten Baldachinen verschlungen hatte; es hangelte sich die Wände entlang wie geisterhafter Efeu und hing von der Decke wie gesponnene Stalaktiten. Es verwandelte die Wohnung allmählich in eine Druidenhöhle.

Seit Wochen saß der Mann vor dem Monitor und starrte. Seine Brille war sich selbst ein Spiegel; seine Augen brannten vor Unendlichkeit, trotz der künstlichen Tränen, mit denen er sie stündlich salbte. Manchmal war aus den Lautsprechern das Ratschen eines Mausrads zu hören, das Klackern einer Tastatur. Der Mann bewegte sich fast gar nicht. Nachts ging er manchmal zu Bett und schlief. Oft blieb er auf dem Sofa sitzen und wartete darauf, dass ihm die brennenden Augen zufielen und der Schlaf über ihn kam, kalt wie der Nachthimmel. Morgens erwachte er mit verkrusteten Lidern, die Spinnenweben waren wieder etwas dichter geworden und hatten sich wieder ein wenig weiter vorgewagt. Stets brannte der Monitor. Nachmittags echoten Stimmen unangenehm oder irgendetwas zog sie auseinander, bis sie unkenntliche Streifen waren, deren Sinn sämtliche Archäologen und Linguisten der Welt nicht hätten entschlüsseln können. So würde es immer weitergehen, dachte der Mann.

Einen Vorrat für tausend Pandemien hatte er angelegt. Draußen flatterten verseuchte Fahnen in neutralen Farben, hielten sich mit gerissenen Armen an Gleisen fest oder schützten nass von Regen die Straßen. Konnten Pflastersteine und Asphalt etwa atmen?

Tagelang hämmerte es in der Wohnung neben der seinen. Der Geruch von Farbe, dick und schwer und von künstlichem Geschmack, kroch aus den fremden Fenstern herüber. Irgendwann war es wieder still. Nach einigen Wochen kam ein anderer Geruch herüber, einer, den er noch nicht kannte, ein noch viel schwererer, der in Nase und Lungen walzte wie ein Behemoth.

In seinen Träumen sah der Mann zerteilte Menschen, die redeten und ihn anstarrten. Sie sprachen in unverständlichen Lauten, die waren wie Fragmente vergessener Zauberformeln. An manchen Abenden wagten die Spinnen sich aus ihren Verstecken und tanzten mit hypnotischen Bewegungen auf ihren Netzen. Längst zu dicken Tüchern geworden, hoben und senkten sie sich unter dem Gewicht der Tiere und ihrer eigenwilligen Tanzschritte. Der Mann blinzelte viel, und manchmal sah er einen der braunen oder schwarzen Körper, die blaues Licht in den Raum zurückwarfen. Schillernde Beine und eine Unendlichkeit Augen erblickte er in diesen Momenten.

Länger wurden die Tage, länger die Nächte, länger die Träume. Manchmal wusste der Mann nicht mehr, ob er schlief oder wachte. Morgens öffneten seine Augen sich nicht mehr ohne Zutun seiner Hände, als wollten sie im Traum zurückbleiben. Sein Blick kratzte an den Lidern, immer.

Es war in dieser Zeit, dass er die Spinnen zu hören begann. Millionen Beine kratzten mit Milliarden steinharter Härchen auf den Tüchern aus rauer Spinnenwolle wie Fingernägel auf Schiefer.

Speise fanden die Spinnen reichlich in der Wohnung. Madenblüten öffneten sich auf Verdorbenem und verteilten Tag für Tag ihre schwarz fliegende Saat. Glanzlos und ausgesaugt sprenkelten deren luftleichten Körper ein Firmament aus grobem Stoff. Eine verschmutzte Galaxie entstand unter der Zimmerdecke; jeden Tag entzündeten die nachkommenden Spinnen neue Sterne in ihr, denn waren sie auch klein, ihr Hunger war riesig. Sie wollten wachsen, sie mussten wachsen, um zu dem Weltennetz beitragen zu können, das in der Wohnung entstand und nur eines von vielen sein würde. Von der Zurückhaltung der alt und gebrechlich Gewordenen hatten sie noch nichts gehört. Anders als die Ältesten hatten sie die Welt dort draußen nie gesehen. Sie kannten nur die Wohnung und das Netz in ihr, geschaffen von Myriaden Spinnen. Sie schlangen ungeniert.

Manchmal fiel ein totes Insekt herab. Das Netz hatte seinen Leichnam nicht mehr halten können, denn an vielen Stellen war es längst stumpf geworden von Staub und geflügelten Mumien. Wenn der Mann durch die Zimmer ging, knirschten seine Schritte wie auf Eierschalen. Es stank nach Chitin, wo immer er hintrat.

Fett waren die Spinnen geworden und gierig nach mehr. Der Mann hörte, wie ihre trägen Beine sich in ihren eigenen Netzen verfingen und wie sie einander um Hilfe anriefen in der Sprache der Leichenhälften. Allmählich begann der Mann, sie zu verstehen, die Leichenhälften und auch die Spinnen. Längst hatte das graue Firmament sich über ihm geschlossen.

Gerüche waberten, und irgendwann fanden die Maden keine Nahrung mehr. Eifersüchtig wachten die Spinnen über ihre eigene letzte Mahlzeit, viele Generationen lang. Immer weniger Fahnen wehten im Wind. Husten küsste. Etwas Neues begann.

Jemand schließt die Tür auf. Er darf es. Ihm gehört die Wohnung. Bei ihm sind andere, stark, groß. Ein Urwald aus etwas, das einst Seide war, dann Wolle, umfängt sie sogleich. Millionen leerer Leiber sind überall, verschwunden die Spinnen. Ein langes Gelage hat die Wohnung geschändet zurückgelassen.

Vermieter und Unterstützung gehen vorsichtig voran; ihre Füße bleiben auf dem Boden kleben. Schmatzende Geräusche folgen ihnen auf dem Tritt.

Auf dem Sofa sitzt eine Mumie, eingehüllt in Bandagen aus grauer Wolle, die eine Insektengalaxie durchzieht. Ein Monitor leuchtet und lässt Sterne aus Kadavern glitzern. Hinter einer Brille liegen ausgetrocknete Augen, ein seelenloser Blick. Offener Mund teilt keine Seuche mehr.

Der Vermieter fragt die Männer, ob sie das Gewölle auf dem Sofa nach draußen bringen würden. Auf den Straßen stapelt sich der Sperrmüll, legt ihn dazu. Die beiden Hünen sehen einander an und werfen dem Vermieter ein Nein entgegen. Unter den Arm klemmen wie Gerümpel geht nicht, fortschaffen unmöglich, sagt der eine, Grabkammern müssen geschlossen bleiben, Gräber geweiht, beteuert der andere, Beweis Pharaonenfluch. Sie gehen, der Vermieter traut sich Aufhalten nicht zu, bleibt alleine in einer Höhle, die sogar die Spinnen verlassen haben.

Tür fällt zu, Augenlicht wandert. Eine Mumie mit Gliedern wie dünne Plastikrohre in ekliger Zuckerwatte. Herausschleppen und ablegen.

Noch immer brennt der Monitor, unbeeindruckt, unermüdlich. Zaubersymbole bewegen sich auf dem Bildschirm wie tollkühne Insekten, frei und unbeschwert, seit die Spinnen verschwunden sind. Eine fremde Sprache, denkt der Vermieter, denn er kann die Symbole nicht entziffern, und schaltet alles aus. Stille ist vollkommen, das dichte Netz an den Wänden beste Isolation.

Niemand hört das Husten, das die Lunge des Vermieters schüttelt.

Lars Bornschein

wir schlafen
das ohr auf den schienen
wach und im traum
man weiß ja nie
irgend etwas nähert sich uns
immer
meistens werden wir nicht überrollt
von der realität
sondern von der furcht
davor

Anne und Irma

Kindheit

Schwarzer Mann
„Wer hat Angst vorm schwarzen Mann?"
„Keiner"
„Wenn er aber kommt?"
„Dann laufen wir davon!"
Karli war der schwarze Mann. Ein kleiner dicker
Junge, der aber blitzschnell losspurten konnte.
Schon nach zwei Sekunden hatte er Irma und
Schorsch erwischt. Jeder, den er antippte, wurde
sein Untertan und ging mit ihm auf die anderen
los. Erst, wenn alle bis auf einen gefangen waren,
war das Spiel vorbei.
Dem letzten „Freien", dem Schnellsten und Wen-
digsten gebührte die Ehre, seinerseits zum
„schwarzen Mann" oder besser zum „schwarzen
König" zu werden. Oft war es Anne, die sich an-
schließend auf die gegenüberliegende Seite des
Hofes stellen durfte und die anderen nach ihrer
Angst fragte.
Annes Zwillingsschwester Irma gelang es nicht ein
einziges Mal, bei diesem strategischen Laufspiel zu
gewinnen.

Maus
„Wer Katzen hat, hat auch Mäuse", kommentierte
der Vater den kleinen Schatten, der mehr erahnt,
als wirklich gesehen, die Küchenzeile entlang ge-
flitzt und in der Speisekammer verschwunden war.
„Iihh", kreischte Irma, die Augen schreckgeweitet,
das Mündchen verzogen, obwohl sie das kleine

Tierchen unmöglich genau hatte erkennen können.
Beifall heischend sah sie sich um.
„Was für ein ekliges Ungeziefer, widerlich." Mutter nahm Irma in den Arm.
Der Kater saß bewegungslos an der Türschwelle und beobachtete die Reaktion der Familie.
„Eine Spitzmaus", sagte Anne, „die mag er nicht, die bekommen wir als Geschenk." Vater lachte.
„Er will, dass wir endlich lernen, Mäuse zu fangen."
Er baute mit Anne eine Lebendfalle für den kleinen Nager und erzählte ihr dabei mit Stolz, wie sein Bein verloren gegangen sei, als er im ersten Weltkrieg bei der bayerischen Kavallerie-Division gekämpft und seinem Land gedient habe. Mutter und Irma drehten sich derweil die Haare ein und nähten bunte Kleider. Annes Bruder kämpfte vor Stalingrad und ließ sein Leben.

Tiefflieger
Nach der fünften Stunde war endlich mit der Schule Schluss.
Die Vier vom Weiler radelten nach Hause, so schnell sie konnten. Die silbernen Blätter der Pappeln raschelten im Sommerwind. Auf dem heißen Asphalt spiegelte sich von irgendwoher eine Wasseroberfläche, eine kleine Fata Morgana, die beim Näherkommen verschwand.
Sie waren schon ein Stück auf der offenen Landstraße, als sie hinter sich ein dumpfes Dröhnen und Tuckern hörten, das schnell lauter wurde. Schorsch kannte alle Flugzeuge der Wehrmacht und auch die zweimotorigen „Mosquito" der Briten. „Das sind Engländer, nix wie weg!" Ohne sich umzudrehen, lenkte er sein Fahrrad in vollem Tempo in den Straßengraben. Die anderen drei ta-

ten es ihm gleich. Nur notdürftig vom Geäst der Büsche verborgen, sahen sie zwei Flugzeuge aus dem Verband ausscheren und in geringer Höhe dem Lauf der Straße folgen. Kleine Staubwölkchen markierten den Einschlag der Patronen im Banquette. Das harte Stakkatogeräusch der Abschüsse in den Ohren, sahen sie weitere Geschosse auf dem Asphalt der Straße aufschlagen. Dann waren die Flugzeuge auch schon vorbei, wurden kleiner und kleiner und verschwanden am Horizont. „Schätz mal, Richtung Dresden", sagte Schorsch nur. Sie warteten noch ungefähr eine halbe Stunde, aber die Tieffieger kamen nicht zurück.

Keine einzige Kugel hatte die Vier getroffen und die Kinder vereinbarten Stillschweigen über das bestandene Abenteuer. Doch zuhause warf sich Irma sofort weinend in die Arme der Mutter und erzählte alles. Die Schwestern erhielten daraufhin striktes Verbot, am Nachmittag zum Dorfweiher zu fahren. Anne nannte Irma eine gottverdammte Heulsuse.

Alter

Irma war nach dem Krieg viele Jahrzehnte lang Handarbeitslehrerin und Anne wirkte als Bauingenieurin und Leiterin eines eigenen Planungsbüros am Aufbau Deutschlands mit. Jetzt sind beide neunzig Jahre alt und auf die Pflege im Heim angewiesen. Anne hat drei Kinder, fünf Enkel und eine Urenkelin, die sich darin abwechseln, sie regelmäßig im Heim zu besuchen und auf kleine Exkursionen mitzunehmen.

Sie erzählt oft von der Arbeit und den vielen Kämpfen um ihr Unternehmen, kann auf viele Siege und zahlreiche Niederlagen zurückblicken.

„Aber wisst ihr was? Wenn ich all' das Revue passieren lasse, fällt mir auf, dass mir schon ganz früh in meinem Leben die Angst abhandengekommen ist. Vielleicht als die Tiefflieger uns beschossen, als wir in Hamburg im Haus von Tante Käthe ausgebombt wurden, als wir den Schorsch vor der SS versteckt haben, oder aber sie ist zusammen mit den Tränen um unseren Bruder einfach verronnen."

„Ach was, eure Großmutter hat nie nachgedacht und sich immer und überall reingestürzt. Die hat einfach nicht genügend Fantasie gehabt, um Angst zu empfinden", sagt Irma dann, „der fehlt was im Kopf, die kann sich nicht ausmalen, was noch alles Schreckliches passieren könnte."

„Eine Gnade ist das, eine Gottesgabe!"

„Blödheit ist es, Anne lebt ja nur aus Versehen noch."

Anne und Irma werden wegen der Coronakrise monatelang in ihrem Zimmer isoliert.

„Jetzt musst auch du endlich mal stillhalten." Genugtuung schwingt in Irmas Stimme mit. Bequem im Sessel zurückgelehnt sieht sie ihrer Schwester zu, die ruhelos durchs Zimmer tigert. „Nichts kannst du machen, kannst dich nur dem anpassen, was dir die Heimleitung zu deinem Schutz vorgibt."

„Und da muss ich jetzt so einer Karbolmaus gehorchen?"

„Hier bist du vor dem Virus sicher, draußen lauert der Tod."

„Vor dem soll ich mich fürchten? Mit neunzig?
Auf einmal? Dass ich nicht lache!"
„Du weißt ja nicht, wie gefährlich der Virus ist."
„Aber du weißt es, ja?"
„Egal, es muss gehorcht werden. Nur wer brav ist,
ist sicher."

„Wenn alle anderen Angst haben und man selber
nicht, dann hat man das Gefühl, verrückt zu wer-
den", schreibt Anne ihrer Urenkelin, „ich muss
hier raus."
„Aber dann steckt dich vielleicht einer an."
„Na und. So lange leb' ich eh nicht mehr."
„Wir können dich nicht rausholen. Wir dürfen
dich ja nicht mal besuchen. Das ist verboten."
„Warum? Sind in diesem Land jetzt alle auf einmal zu Hosenschissern geworden, nur weil sie
Angst vor einer Krankheit haben?"
„Die sagen, dass wir Kinder unsere Großeltern um-
bringen, wenn wir sie anfassen."
„Das ist doch mein Risiko. Natürlich gehe ich in
Quarantäne, wenn ich von einem Ausflug zurück-
kehre. Ich will Irma und die anderen Alten nicht
schädigen. Aber wenn sie mich von vornherein
einsperren, nehmen sie mir meine Würde."

„Was ist denn das für ein Gewäsch! Würde ist
doch nicht lebenswichtig", sagt Irma später.
„Für mich schon. Mut, Tapferkeit, Ehre, Würde!"
„Die ach so deutschen Soldatentugenden, fühlst
dich wohl immer noch als Papas Liebling? Aber
soll ich dir was sagen: der hilft dir nicht mehr. Im
Übrigen gehört zum braven Soldaten auch der be-
dingungslose Gehorsam. Die Isolation ist angeordnet worden. Also kneif' die Arschbacken zusammen. Du kommst hier nicht raus."

„Doch, komme ich."

„Denkst du, du kannst das entscheiden? Hältst du dich immer noch für die erfolgreiche Chefin, für die schwarze Königin? Irgendjemand muss dir ja wohl mal die Leviten lesen."

„Du bist weder meine Mutter noch meine Vorgesetzte."

„Du bist hier drinnen gar nichts."

„Eine Freiheit bleibt dem schäbigsten Untertan."

„Die letzte Freiheit – was für ein Drama wegen der paar Beschränkungen. Deine Kinder sind dir offensichtlich egal. Du wirst abkratzen, ohne sie noch einmal umarmt zu haben."

„Das werde ich so oder so." Anne verschränkt die Arme: „Deutschland ist mir verdorben und ich verweigere ab heute jegliche weitere Nahrungsaufnahme."

Irma lacht. „Mach dich nicht lächerlich, die legen dir eine Magensonde."

Wanda Furtschegger

DIE WENIGEN DINGE,
AUF DIE ES ANKOMMT

Lustlos sitze ich in meiner kleinen Wohnung, denn
nur dort bin ich angeblich sicher vor dem Feind.
In Form eines kleinen, unsichtbaren Virus treibt
er da draußen sein Unwesen, nistet sich in der
menschlichen Lunge ein, bringt Krankheit und
Tod über die Menschheit.
In Radio und Fernsehen hören wir mehrmals
täglich Aufrufe, uns an bestimmte Regeln zu
halten und Ausgangsverbote ernst zu nehmen.
Durchhalteparolen sollen uns dabei helfen, wobei
uns niemand sagen kann, wie lange der Feind uns
noch belagern wird.
Ein Dasein auf Sparflamme führen wir,
verzichten auf vieles, was uns wichtig erschien.
Und wer weiß, ob wir nicht die wenigen Dinge
aus den Augen verloren haben, auf die es
eigentlich ankommt:
Füreinander da zu sein, mit der Natur in Einklang
zu leben und dankbar zu sein für jeden Tag, den
uns das Leben zum Geschenk macht.

Emma Bätzel

Du merkst es erst, wenn es weg ist.

Das Leben ist wie ein Fahrrad.
Um es in Balance zu halten,
muss man es vorwärts bewegen.

Albert Einstein

Vielleicht wäre es früher oder später eh so gekommen. Vielleicht haben wir es verdient. Eine Miniapokalypse. Vielleicht ist es eine Strafe, vielleicht ist es eine Chance, vielleicht ...

Sicher ist nur, dass keiner darauf vorbereitet war. Niemand. Keines der großen Unternehmen, keine der Schulen, keiner der Haushalte. Keine Eltern und keine Kinder.

Es kam zu schnell, oder es wurde zu langsam gehandelt. Man kann viel spekulieren. Man kann vielen die Schuld daran geben. Doch das wird uns nicht helfen.

Vor neun Wochen kamen Gerüchte auf, dass unsere Schule geschlossen würde, für mehrere Wochen. Damals hatte ich ehrlich gesagt gehofft, dass es so kommen könnte. Gegen eine kleine Auszeit wäre nichts einzuwenden gewesen. Doch nie hätte ich gedacht, wie sehr ich meine Schule, meinen Alltag vermissen würde. Was aus einer „kleinen Auszeit" werden kann. Und tatsächlich, am Montag, den 16. März, verließen wir bereits vor Mittag die Schule. Von nun an würde es mit Homeschooling weitergehen.

240

Das kann ja nicht so schwer sein, dachte ich. *Besser als in der Schule zu sitzen.*
Ich hatte es auf die leichte Schulter genommen.
Wie viele andere sicher auch.

Zuerst ging es ganz gut. Die ersten zwei Wochen.
Ich war einigermaßen motiviert und arbeitete das, was ich nicht mehr geschafft hatte, in den folgenden Osterferien nach. Doch dann wich die Luft unter meinen Flügeln.
Bald war mir klar: Wenn man zu Hause sitzt, ist es schier unmöglich, sich auf Dauer auf die Schule zu konzentrieren.
Wenn man zu Hause sitzt, ist man nach einiger Zeit abgelenkt. Man kann sich nicht mehr motivieren. Da hilft dann selbst Mamas Ansporn nicht mehr.

War ich heute eigentlich schon draußen? Vielleicht sollte ich eine Runde gehen. Wie soll es eigentlich in meiner Geschichte weitergehen? Vielleicht sollte ich mal versuchen, weiterzuschreiben.

Solche Gedanken gehen mir durch den Kopf, wenn ich zum Beispiel über meinen Physikaufgaben sitze. Alles ist spannender als das. Zumindest für mich. Nebenbei bemerkt ist es mir im Moment auch fast unmöglich Geschichten zu schreiben. Früher konnte ich gar nicht aufhören zu schreiben, jetzt ist die Fähigkeit, meine Ideen zu ordnen und sie niederzuschreiben, wie aus meinen Fingern geflossen.
Denn eine der wichtigsten Voraussetzungen zum Schreiben ist, wie ich jetzt weiß, Struktur. Soziale Kontakte. Normalität.

Es ist wirklich ungewohnt, dass ich meine Freunde nicht mehr jeden Tag sehe. Ab und zu treffe ich mich mit Sarah zum Fahrradfahren. Draußen und mit Abstand, so, wie es erlaubt ist. Aber das ist nicht dasselbe.
Ich vermisse die Schule. Hätte mir jemand letztes Jahr gesagt, dass ich das tun würde, ich hätte ihn für verrückt erklärt.
Aber es stimmt. Ich vermisse meine Freunde, den Chor, die Theater-AG und mein Schwimmtraining.

Eigentlich könnte ich gar nicht aufhören, mich über die Situation aufzuregen.
Das ist alles eine S******!
Die Menschen werden verrückt und depressiv, mich eingeschlossen. Es gibt nur noch ein Gesprächsthema, und keine Normalität.
Und wenn wir bald wieder in die Schule dürfen, dann nur einmal pro Woche und nur noch mit Mundschutz auf den Gängen. Unter diesem Ding habe ich das Gefühl, zu ersticken. Doch dieses Gefühl habe ich bereits seit Wochen.

Aber etwas Gutes hat das alles irgendwie dennoch. Wir erkennen, wo unser System Lücken hat, wo wir verwundbar sind, wovon wir abhängig sind. Jetzt liegt es an uns, diese Fehler zu beheben, die Lücken zu füllen und dafür zu sorgen, dass uns eine solche Situation nicht wieder so eiskalt erwischt.
Wir erkennen, was uns eigentlich am wichtigsten ist. Wer uns am wichtigsten ist.

Du merkst es erst, wenn es weg ist.

242

Sabine Brandl

Selbstoptimierer in Corona-Zeiten

Jetzt hast du endlich mal Zeit
Nun gibt's keine Ausreden mehr
Tu was schon lange fällig war
Miste deine Zimmer aus, putze
Hol die alte Gitarre oder Flöte
Aus dem Schrank und übe, übe
Schreibe deinen Debütroman
Lese Dostojewski oder Sartre

Mache Workouts – werde straff
Dazu noch Yoga und Meditation
Mindestens aber 'ne Diät muss sein
Und komm klar mit den Chakren
Erde dich, schwinge, sei in Balance
Oder finde dich erstmal selbst
Such dich wenigstens mal richtig
Und bleib dann gefälligst bei dir!

Also los doch – nutze die Chance
Sei effektiv – positiv – Superlativ
Und mache das wahrlich Beste
Aus einer globalen Pandemie

Ursula Markovic Weiler

Lockdown

Ich telefoniere mit einer Bekannten, muss plötzlich husten und entschuldige mich sofort, mit der Bemerkung, dass ich gerade einen Frosch verschluckt habe, obwohl weit und breit nicht einmal eine Kaulquappe zu sehen ist.
Ich bin geimpft, obwohl es keine Impfung für Corona gibt.
Bin geimpft, nicht zu husten, zu niesen oder eine sonstige Erkältungserscheinung zu haben. Man möchte so gut wie möglich durch diese Zeiten kommen, ohne als Feindbild angesehen zu werden.
Ich selbst ertappe mich, beim kleinsten Schluckproblem den Verdacht aufkommen zu lassen, infiziert zu sein. Beruhige mich, schlucke nochmals, nehme ein Hustenbonbon und stelle erleichtert fest, dass alles wieder normal ist.
Wobei die ständigen Nachrichten über die ansteigenden Zahlen der Infizierten und Toten, Bilder aus Italien und deren Horrorszenario sich tief in die Psyche hineinmanövrieren.
Egal, was und wo ich antippe oder einschalte, es gibt nur ein Thema: „Corona"!
Kulturgeschehen minimalisiert sich auf den Bildschirm mit einem Meter. Dazwischen immer wieder Werbeeinschaltungen:
„Bleib daheim, schau auf dich!"
Natürlich halte ich mich an all die Anordnungen, die uns auferlegt wurden.
Glaube noch daran, dass alles nur von kurzer Dauer ist.

Langsam werde ich eines anderen, Besseren belehrt.

Familie existiert nur mehr telefonisch.

Mein jüngerer Sohn würde gern kommen, doch er meint, was sei, wenn ihn die Polizei aufhielte. Was sage ich?

Zum ersten Mal verspüre ich ein Aufbegehren in mir, das sich zunehmend verstärkt.

Geh nicht mehr einkaufen, was zwar keine besondere Einbuße ist. Doch die unterschiedlichen Begegnungen mit Menschen fehlen mir.

Der kleine Tratsch beim Kaufmann. Das Zunicken netter Personen.

Nach einiger Zeit kann ich nicht mehr.

Muss raus aus der Isolation.

Setze mich ins Auto, fahre los mit einer plausiblen Erklärung in der Hinterhand, falls ich aufgehalten werde.

Sehe Autos beim Kaufmann stehen. Wenige Leute gehen auf der Straße, aber immerhin.

Das Draußen existiert!

Läute an Türen von lieben Bekannten an und winke ihnen zu.

Das Winken wird erwidert.

Tut das gut!

Eine Familie lässt mich sogar hinein. Wir unterhalten uns lang und mit gebührendem Abstand.

Ich bin den Tränen nahe.

Verspüre nach längerer Zeit Zuversicht.

Fahre nach Hause und schlafe abends tief und fest ein.

Es gibt sie noch, diese Vertrautheit. Diese Nähe – trotz Distanz.

Den Austausch an Ereignissen.

Diskussionen, wo unterschiedliche Meinungen Platz haben. Wo Erlebtes wieder aufleben darf und wo darüber dann gestaunt und auch gelacht wird.

Unter anderem höre ich immer wieder: „Das ist eine gute Gelegenheit, in sich zu gehen".

Ein Virus zwingt mich, Eigenreflexion zu machen?

Auferlegtes Eremitagendasein soll ausgerechnet ein Umdenken auslösen?

Ich zahle brav meine Steuern. Bin in den sozialen Netzwerken ehrenamtlich unterwegs. Trenne den Müll. Versuche, meinen Mitmenschen offen und wertfrei zu begegnen.

Schreibe inzwischen auf, wo ich überall war und mit wem ich Kontakt hatte.

Irgendwie kommt es mir vor, als säße ich in einem Karussell und kann nicht aussteigen. Es wird mir schwindlig und es ist keine Notbremse da.

Hilflosigkeit gesellt sich dazu.

Ich bin fast am Kapitulieren, denn ich gehöre zur Risikogruppe. Ich soll geschützt werden durch Isolation.

Das Sterben nimmt gerade immer abstrusere Formen an.

Für viele Kranke ist es das Natürlichste der Welt, gehen zu dürfen, aber nicht um einen menschenunwürdigen Preis.

So sterben alte Menschen in den Heimen ohne einen Beistand. Keine vertrauten Gesichter, keine wärmenden Hände, die dich hinüberbegleiten. Die dir noch einmal den Impuls des Geliebtseins geben. Die sich bedanken für deinen Einsatz. Das letzte Feedback, dass du vieles in deinem Leben richtig gemacht hast.

Es gibt Stimmen, die doch tatsächlich glauben, Corona als Prüfung auferlegt bekommen zu haben. Endlich wird sich etwas ändern. Endlich muss sich etwas ändern. Wenn nicht jetzt, wann dann?

Dazu brauche ich kein Virus, um zu wissen, dass ein ständiger Raubbau an den Ressourcen von Mutter Erde stattfindet und betrieben wird. Nein, das ist auch so bekannt, und dies ist bei Weitem eine größere Herausforderung als Corona.
Ich beginne zu relativieren.
Bin enorm erstaunt, dass es 2019 in Österreich 84.000 Tote gab.
Versuche, Angst nicht über mich gewinnen zu lassen. Finde ein Zitat von Goethe, welches da lautet:

„Eines Tages klopfte die Angst an die Tür. Der Mut stand auf und öffnete, aber da war niemand."

Schneide es aus und gebe es in meine Geldtasche. Versuche, sorgsam wieder Kontakte zu knüpfen. Doch dies ist absolut nicht einfach. Stoße schnell an meine Grenzen, denn mein Umfeld wurde von der Angst zunehmend ergriffen. Ich gebe nicht auf.
Langsam erweitere ich meinen Bekanntenkreis mit solidarisch Gleichdenkenden.
Verantwortung für sich bzw. gebührend für den anderen übernehmen ist die Devise und soll sie auch bleiben.
Das Leben jedoch geht weiter. Hat so vieles noch zu bieten.
Sind denn Herausforderungen nicht dazu da, um mit ihnen fertig zu werden?

Sabine Fenner

Nicht nur in meinem Kopf

Es ist diese Stille
Die selbst den Wind befallen hat
Der zusammengekauert am Boden liegt
Aus eigener Kraft nicht aufzustehen vermag

In meinem Kopf hämmert es Gedanken
Und ich finde keinen Zugang
Um sie in beruhigende Bahnen zu lenken

Ich warte auf die mir vertrauten
Schritte, die schon seit Tagen ausbleiben
Kein Motorengeräusch, nicht einmal
Das Rattern der Güterzüge Richtung HH
Durchdringen die beklemmende Lautlosigkeit

Meinesgleichen sehe ich nur für kurze Momente
Sie stehen am Fenster, so wie ich
Um dem Frühling nachzuspüren

Ich vertraue meinem Herzen
Es schlägt, und eben sagten sie
Es kann noch acht Wochen
bis zu zwei Jahre andauern
Nein, ich darf nicht denken, nicht jetzt

Brigitta Höpler

ER-ZÄHLEN

Wir erzählen die Tage.
Wir schreiben Coronatagebücher und Texte aller Art.
Wir machen Fotos, Collagen, Montagen und Masken.
Wir bewegen uns im virtuellen Raum.
Wir streamen. Wir lesen. Wir hören.
Wir drehen unsere Runden.
Wir vermissen einander.
Wir verschieben.
Wir planen.
Wir verwerfen.
Wir hoffen.
Wir wollen.
Wir sind.
Wir zählen die Tage.

Katharina Körting

Ich bemühe mich

Mir keine Sorgen zu machen, zum Beispiel, wenn die halbwüchsige Tochter nach 22 Uhr noch nicht zuhause ist und nicht auf meine Nachrichten und Anrufe antwortet. Irgendwas ist da doch im Busch … Ich bin nervöser als sonst, sehe überall Viren und Gefahr, obwohl ich mir, wie gesagt, Mühe gebe, darüber hinwegzusehen und *ganz normal* weiterzuleben, lächelnd.

Man lächelt ja jetzt viel, tröstend, ermutigend, manchmal selbstgerecht, auch unter dem Mundschutz, immer zuversichtlich der Zukunft zugewandt. Aber ich glaube der Zukunft in dieser Gegenwart nicht, die nur noch ein Herumirren ist, ein Wegsperren von unerlaubten Gefühlen.

Ich bemühe mich, aber es gelingt mir nicht: Mein Körper will, dass JETZT die Gegenwart ist, nicht SPÄTER, IRGENDWANN, wenn diese Krise VORBEI ist. Immer wieder raffe und reiße ich mich zusammen. Da bin ich dann kurz gelassen, es schwankt mit den Zahlen. Zahlen von Toten, von Infizierten, von Genesenen, dazu Daten, an denen eine Lockerung entschieden wird. Oder auch nicht. Die Reproduktionszahl.

Ich bemühe mich, die Zahlen zu etwas Sinnvollem zusammenzusetzen, zu einem Haltegriff, zu einer Perspektive, aber ich höre so viele Widersprüche und Unverständliches und Relativiertes und Relativierendes und Panikmache, die vielleicht keine ist, die aber so klingt. Eine spannende Zeit, sage ich mir dann, um mir Mut zu machen. Aber wem ist zu glauben, wenn ich meinem eigenen Körper nicht mehr trauen darf? Und was ist zu tun? Gehorchen! Ich gehorche, ohne genug zu wissen, ohne wirklich zu glauben. Und dann kommt endlich die Tochter, schleicht sich in ihr Bett, doch ich lasse sie noch nicht schlafen, ich bin wütend, stelle Fragen, ihre Pupillen liegen wie Seen, die Gesten verlangsamt. „Ich wollte mal sehen, was die anderen daran so toll finden", wird sie am Morgen erklären (und auch dann erst begreifen, dass es nicht besonders schlau ist, mit der Freundin, mit der sie zum sozial distanzierten Spaziergang verabredet war, an derselben Scheißkippe zu ziehen, oh, ich hasse Drogen, ich hasse Corona). „War nicht so toll, Mama, mache ich nicht mehr." „Nee, war in der Tat nicht toll! Wart ihr wirklich nur zu zweit? Und vergiss den Mundschutz nicht, wenn du einkaufen gehst!"

Ich bemühe mich, diese Dinger, die man sich jetzt ins Gesicht hängen muss, amüsant zu finden oder hilfreich – oder neu normal.

Ich bemühe mich, allen Leuten weiträumig auszuweichen, ist ja auch angenehm, so ohne Smalltalk. Und jeden Tag sinke ich ein Stück tiefer in etwas Seltsames, in ein Sein, das sich wie ein Nichtsein anfühlt, als gäbe es mich nicht wirklich. Anscheinend, lerne ich, braucht der Körper andere Körper, um zu wissen, nein, um zu spüren, dass er lebt. Anders kann er sich nicht für wahr nehmen. Kann nicht glauben, dass er existiert. Ein Körper, der anderen Körpern ausweichen muss, verfehlt sich selbst.

Ich bemühe mich, dankbar zu sein, denn wir sind privilegiert, ich habe Arbeit, verdiene weiter Geld (im Homeoffice natürlich), wir leben in einer großen Wohnung, haben einen Balkon, die Kinder sind groß, quengeln viel seltener als ich, wir kommen miteinander klar. Die Nerven reißen nicht, die Nerven sind betäubt. Zweimal habe ich versucht, eine Person zu einem Abstandsspaziergang zu treffen, aber das war, als würde einem das Gespräch einfrieren.

Ich bemühe mich, die digitalen Besprechungen hinzunehmen, zaubere mir einen frischen Hintergrund, ärgere mich über mein rotfleckiges Gesicht oder die schlechte Verbindung, die in Wahrheit ein Wunder ist, aber der Bildschirm saugt meine Kraft ein, ähnlich einem schlechten Gespräch: wie ein Vampir. Oder wie Essen ohne Geschmack. Macht nicht froh. Macht krank, leer und erschöpft, macht Watte im Kopf, die ein Schraubstock zusammendrückt. Erfordert ein Nicht-be-greifen, das sich nicht in Worte fassen lässt, unterdrückt ungenügend das unüberspürbare Brauchen. Auf dem Bildschirm sehe ich die körperlose Galerie der anderen Köpfe, denen ich nicht in die Augen schauen kann. Ich beobachte mich selbst beim Reden, oder beim Zuhören, oder beim So-tun-als-würde-ich-zuhören, oder ich schalte weg, höre halb zu und wünschte, es wäre nicht so leicht, abwesend zu sein, ohne dass es jemand merkt.

Ich bemühe mich, lerne viel, lese noch mehr und vergesse schnell wieder: Wie war das noch? Was muss man machen, wenn, sagen wir, der Vater der Freundin der Tochter positiv getestet wurde? Die mit dem Joint. Scheiße. Das Gesundheitsamt will nicht mal unsere Namen wissen. Wir sollen das Testergebnis der Tochter des Infizierten abwarten. Ich habe einen Zahnarzttermin und Zahnschmerzen. Was, wenn die Freundin der Tochter positiv ist? Es stellt sich heraus, dass die Freundin gar nicht getestet wird, ich bin irritiert. Wie war das mit den Infektionsketten? Die Zahnärztin glaubt mir nicht, dass ich kommen darf, will sich erst selbst noch informieren. Jedes Gespräch mit mir selbst oder mit anderen ist infiziert, ich scanne, ob sich alle an die Regeln halten. Sind die wirklich Familie dort? Ich will gar nicht so gucken, will gar nicht so denken, jeder ist für sich selbst verantwortlich, aber es denkt so aus mir, es guckt so aus mir, das virusgetränkte Gehirn drückt meine Augen zusammen, verengt den Blick zu spionartigen Schlitzen, als dürfe auch der Blick nichts und niemanden zu nahe heranlassen; es befiehlt den Händen, nicht mein Gesicht zu berühren. Wenn ich meine Kinder umarme, fühlt es sich an, als täte ich Verbotenes, ich muss mich erinnern: Wir sind ein gemeinsamer Haushalt. Das Herz klopft hektisch, die Haut spannt trocken, der Magen brummt. Panik droht: Quarantäne wäre nicht gut für mich. Ich bin eine, die immer wegkönnen muss, im Kino sitze ich am Rand. Kino ist ja jetzt nicht mehr, Menschen auch nicht, aber ich muss rauskönnen. Raus aus der Wohnung, raus aus einer Situation. Jederzeit. Wenn das nun noch weniger geht, weil diese unberechenbare Tochter ihre erste Drogenerfahrung mitten in Zeiten von Corona absolvieren muss, wird mir mulmig. So bin ich einerseits erleichtert, dass die Gesundheitsämter keinen Plan haben, jedenfalls keinen erkennbaren, und andererseits enttäuscht, denn vielleicht ist es schlimmer, Angst vor der Isolation zu haben, als tatsächlich isoliert zu sein.

Ich bemühe mich, auf dem Laufenden zu bleiben, aus jeder Information neue Hoffnung und alte Geduld zu schöpfen und nicht in diese Stimmung abzurutschen, in der ich nur noch heulen will. Ich nehme mir übel, dass es mir so geht. Vielleicht kann ich gar nichts dafür, dass das Loch, in das ich sinke, immer tiefer wird, vielleicht liegt es nicht am mangelnden guten Willen, denn ich habe mindestens so viel guten Willen, wie ich Bakterien habe, die jetzt hilflos in der Gegend herumsuchen, nach ihren Freunden, Nachbarn, Feinden Ausschau haltend: „Wo seid ihr? Ohne euch bin ich verloren! Ihr könnt mich doch nicht allein lassen! Gerade jetzt!!" Sie rufen und fragen in die Nacht, die jeden Tag tiefer wird und dunkler und irgendwann, wer weiß, undurchdringlich wie all die Corona-Updates.

Aber ich bemühe mich. Ich bin irre verantwortungsvoll und wahnsinnig solidarisch.

Ich bemühe mich wirklich.

Gergana Ghanbarian-Baleva

Achterbahnfahren in Zeiten von Corona

Und dann hieß es plötzlich, demnächst sind alle Schulen und Kitas geschlossen.

Ein Albtraum! Wie soll das funktionieren? Was machen wir bloß so lange zu Hause? Abonniere ich jetzt Netflix und Amazon Prime? Kaufe ich Unmengen an Spielzeug und Bastelsachen, um meine Kinder zu bespaßen? Was und wie viel sollen wir kaufen? Unser Geld auf der Bank belassen? Hält meine Beziehung so viel Nähe aus?

In den Tagen darauf stehe ich vor leeren Supermarktregalen, sehe wie Menschen mit zwei Einkaufswagen gleichzeitig einkaufen und wie besessen hamstern. Manche sind aggressiv, wenn es um Hefe, Mehl und Toilettenpapier geht.

Das habe ich schon einmal, in meinem früheren Leben erlebt. Ich kenne diesen Zustand zu gut. Meine Erinnerungen an Bulgarien in den Jahren 1996/97 werden wieder wach. Nachdem der Tauschwert von einem Dollar plötzlich auf 3000 Leva anstieg, es wirklich nichts mehr zu essen gab, all ihre Ersparnisse durch den Bankrott der Banken verloren und die Menschen auf die Straßen gingen …

Auch hier wird der Unmut der Massen nicht lange auf sich warten lassen.

Wie überstehen wir diese Zeit psychisch? Mein Mann hat erste Anzeichen einer Depression.

Schon nach dem Aufstehen ist er antriebslos und schlecht gelaunt. Er ist jetzt seit zwei Monaten in Kurzarbeit, ich habe das Sparbuch angerührt, er weiß noch nichts davon.

Nachts, wenn alle schlafen, bekomme ich Panikattacken.

Wir wollten in diesem Sommer in den Iran, voriges Jahr ging es nicht wegen der politischen Unruhen am Persischen Golf, jetzt macht uns Corona einen Strich durch die Rechnung. Wir chatten mit meiner Schwägerin, und sie berichtet überglücklich, wie froh sie sei, dass Corona nicht wieder ein rein iranisches Problem sei und wir alle, zum ersten Mal, gemeinsam in einem Boot sitzen!

Im April wollten wir nach Sofia zu meinen Eltern, um den 80. Geburtstag meines Vaters zusammen zu feiern. Ein Déjà-vu! Vor 10 Jahren, als er 70 wurde, brach dieser Vulkan auf Island aus, dessen Namen keiner, außer einem einzigen Freund von mir, aussprechen, geschweige denn schreiben kann. Und wir konnten nicht zu ihm fliegen. Und jetzt wieder das gleiche!

Meine Eltern gehören zur Risikogruppe, also können wir auch das Nachfeiern vorerst knicken. Wir skypen täglich, die Stimmung verschlechtert sich von Tag zu Tag, ich versuche positive Stimmung zu verbreiten, obwohl es mich immer mehr Kraft kostet, Tränen fließen im virtuellen Raum.

Ich bin wütend, wenn ich das Gejammer meiner Nachbarin zum 100. mal höre, weil sie ihre Kreuzfahrt stornieren musste und ihren Schwarm am

Schlagerhimmel nicht live erleben kann. Tja, tut mir sehr leid für dich! Pech gehabt, und was für eine! Geschieht dir recht, Wohlstandstussi!

Und dann fange ich an zu leben wie früher, vor 30 Jahren, als ich deutlich weniger zur Verfügung hatte. Ich lebe mit dem, was ich habe. Ich werde kreativer beim Spielen, improvisiere beim Kochen, beim Leben. Erstaunlich, aber wir reden viel häufiger, viel ausführlicher, viel ruhiger miteinander. Meine Kinder schlafen besser, sind entspannter als je zuvor. Wir haben eine neue Lieblingsbeschäftigung: Spielen Kegeln mit Klopapierrollen im Flur. Mein Mann macht täglich mit den Kindern Sport, mein dreijähriger Sohn ist Experte in Sachen Push-Ups, Burpees, Lunges und Jumping Jacks geworden. Immer öfter erklingt in unseren vier Wänden statt „Mama, Mama" auch „Papa, Papa", etwas vollkommen Neues für mich.

Ich genieße die Zeit, die uns Covid 19 geschenkt hat. Bin dankbar für dieses großzügige Präsent!

Und plötzlich weiß ich mehr denn je, was ich will!

Ich will weniger von allem, weniger arbeiten, weniger hetzen, weniger planen, weniger haben, weniger kaufen, weniger horten, weniger schleppen, weniger grübeln, weniger tun, weniger machen und es meinen Kindern vorleben, wie es mit weniger geht!

Und ich habe begonnen, mehr im Hier und Jetzt zu sein, mehr zu lesen und vorzulesen, mehr und mehr meine innere Stimme zu hören, habe meine Werte wieder entdeckt, mehr gelacht, mehr ge- kocht, mehr umarmt und geliebt.

Anita Hollauf

Kältewelle

Ich erinnere mich daran, dass es Spaß machte aufeinander zuzulaufen und einander zu umarmen, wenn man sich kurz oder lang nicht mehr gesehen hatte. Das Herz wurde warm und machte Sprünge.

Ich erinnere mich, dass freundschaftliche Küsse auf die Wangen angenehm waren und ausdrückten: Ich mag dich, du bist etwas Besonderes für mich.

Ich erinnere mich, dass Händedrücke lasch, zu fest oder wohltuend waren, dass manche Menschen die Angewohnheit hatten, eine Hand sehr lange zu drücken, sie nicht mehr loszulassen. Dass es einmal einen Handkuss gab. Ich erinnere mich auch daran, dass eine hingestreckte Hand auch abgelehnt werden konnte, dass man die Wahl hatte, diese Geste zu erwidern oder nicht. Das Verweigern verursachte kalte Schauer über den Rücken.

Ich erinnere mich, dass körperliche Berührungen eine starke Sensibilität verlangten und das Gesagte verdichteten. Ich erinnere mich, dass ich nicht alle Berührungen mochte, manche aber sehr genoss. Ich erinnere mich, dass Berührungen heilsam und tröstend sein konnten.

Ich erinnere mich, dass es plötzlich verboten war, einander zu berühren. Man musste Abstand halten – je mehr, umso besser. Ein Virus drängte sich zwischen die Menschen und begann ihre Herzenswärme zu stören. Eine Mitteilungsebene wurde ausgeschaltet. Ich erinnere mich, dass Berührungsverluste krank machen konnten.

Ich erinnere mich, dass damit begonnen wurde, die Straßenseite zu wechseln, wenn jemand auf dem Gehsteig entgegenkam. Mit misstrauischen Blicken, gesenktem oder abgewandtem Kopf ging man weiter.

Ich erinnere mich, dass Masken ein Lächeln verstecken konnten, ebenso Verbissenheit, dass der Gefühlszustand des Gegenübers sich in ein Rätsel verwandelte.

Ich erinnere mich, dass dieses Auseinandergehen, dieses Wegdrehen Unsicherheit verbreitete, die mit Empathieverlust einherging.

Ich erinnere mich, dass ich mich einmal entschuldigte, weil ich jemanden versehentlich, gedankenlos am Arm berührt hatte. Ich hatte einfach vergessen, dass Berührungen verboten waren.

Ich erinnere mich, dass man sich voreinander schützen musste, auf eine nie zuvor dagewesene Art und Weise. Die Einsamkeit wurde größer, der Egoismus wurde größer, das Frösteln wurde stärker.

Ich erinnere mich, dass Menschen schwächer wurden, dass die Demenz zunahm, dass die Depression zunahm, dass Leben sich in Vegetieren verwandelte.

Ich erinnere mich, dass diese Kältewelle sehr lange dauerte …

Hubert Brenn

Alltagshelden

Jetzt als Helden des Alltags
hochgelobt und gebenedeit
vielfach bedankt und bejubelt
zu Recht
denn nichts ginge mehr ohne sie
in vielen Bereichen des täglichen Lebens
sie halten das Werk am Laufen
ihnen allen gebührt großer Dank
und ebensolche Anerkennung
als wahre und wirkliche Helden
nicht wie die in den Schlagzeilen
und auf den Titelbildern
sondern zumeist namenlos und gesichtslos
und es wird wohl auch kaum Urkunden
Auszeichnungen oder Orden für sie geben
für die vielbeklatschten Alltagshelden
und bei den nächsten Lohnverhandlungen
wird sich dann zeigen
was dieses Alltagsheldentum wert ist
ich danke euch allen

Thora Engel

lockdown

bevor der tod kommt
sagten sie geht heim
wir stoppten den lärm
der welt und wurden still

jetzt zählen wir wie schäfchen
die tage und können doch
nicht schlafen das leben
nicht verschlafen wie eine

schlechte fernsehshow
wir wissen zwar nicht
wo es schlimmer ist
auf der bühne oder

hinter den kulissen
aber wir wollen nichts
verpassen wir wollen leben
um des lebens willen

nicht des todes
the show must go on
hebe dein glas
für den lockdown der seele

Augenbrennen

Zarg an der Rum. Das hier in aller Kürze zu Schildernde ist die traurige Geschichte eines wunderlichen Städtchens im tiefsten Grün des Grüns, das sich dem Augenlicht bieten kann. Zarg an der Rum, kein Ort voller Hinterwäldler, dennoch verborgen hinter den tourismusbetrampelten Pfaden der Tauern, dort, wo der Dschungel sich lichtet und die Weinbergweiten sich öffnen. Dieser Flecken Erde, beschenkt mit einem willensstarken, maximal 60 Kilogramm schweren, marathongeeichten Bürgermeister Schraube, wurde heimgesucht. Erneut und unerbittlich. Inmitten der strahlenden Strahlen der Frühlingssonne.

In den Tagen, als eine weitere Welle einer bislang vollkommen unbekannten Pandemie zunächst über das Internet in die Stadt drang, dann bedrohlich real, da stellte sich der kleine, Slimfitanzug befrackte Bürgermeister dem Virus entgegen, nämlich vor die Kamera trat er und verkündete mit der ihm maximal gebotenen ernsten Miene eines würdigen Führers, alle Rollläden müssten nun rasch und ohne zu zögern heruntergelassen werden. Alle. Vollkommen blickdicht, so sprach er. Es gebe noch keine Erkrankten, sein Erlass diene allein der vernünftigen Volksgesundheit.

Tags darauf blieben die Menschen im Verdunkelten, begeisterte und angesichts der ungewöhnlichen Gefühlslage ihrer Eltern fast weihnachtlich aufgepuschte Kinder kuschelten sich in Deckenzelte, um dort brandgefährlich mit Kerzen zu hantieren, Omas hingen weinend am Telefon und wünschten sich, bei eben diesen gefährdeten Kindern im Zimmerzelt liegen zu dürfen, Männer zählten Klopapierfetzerl und stiegen tief in ihre Keller hinab, in die tiefsten Tiefen ihrer sozialen Beschützerseelen, um die alten Flinten der weltkriegsgeeichten Großväter zu polieren und auf die rostigen Neunmillimeter-Patronen zu vertrauen.

Die ersten Symptome, die man spüre – so der Bürgermeister – seien untrügliches Augenbrennen sowie fatale Lichtempfindlichkeit, die bei Lenkung eines Kraftfahrzeuges zu Unfällen führen könne, weshalb der Individualverkehr mit sofortiger Wirkung gänzlich eingestellt werde. Sobald also Augenbrennen bemerkt werde, solle man zum Smartphone greifen und die Kummernummer 6130 wählen. Dort werde einem zwar nicht geholfen, doch es helfe, wenn man das Gefühl habe, es könnte geholfen werden.

Wenige Tage darauf wiederum wurde durch Experten das Spektrum der Pandemie deutlich gemacht: Neben Augenbrennen sei Durchfall ein Symptom, gerne werde auch Halskratzen bemerkt oder Husten und überhaupt alles, was man sich verdächtigerweise ausmalen könne, auch ein Schmerz im kleinen Finger, müsse bitte dazu führen, sich bestenfalls im Keller, in einem vollkommen abgedunkelten Raum jedenfalls, selbst zu isolieren. Alles, das man spüre, könne Teil des Virus sein. Übertragen werde es durch das linke Auge, so viel sei sicher, worauf dieses wenige Stunden später seinen Geist aufgebe. Erste Untersuchungen zeigten – so die Experten – dass dieses Symptom in Folge aus vollkommen unerfindlichen

Gründen auf das rechte Auge überspringe und man sich ausrechnen könne, was dies bedeute. Er, der Bürgermeister, werde ein Auge auf die weiteren Entwicklungen werfen. Er versprach, sich nun täglich im Regionalfernsehen sowie auf dem Rathaus-Online-Portal zu melden.

Zarg an der Rum war in eine tiefe Quarantänelethargie gefallen. Es blieben allein zwei Gründe, das Haus zu verlassen: Der Besuch des Supermarktes um die Ecke oder der dem Wohnsitz nächstgelegenen Apotheke, wobei der Exekutive ausgestellte Rezepte vorzuweisen seien. Wie man zu einem Rezept käme, das erklärte der Bürgermeister nicht, allerdings tat er kund, man müsse ab sofort eine schwarze Brille tragen, worauf der Online-Handel in den Tagen darauf tausende Pakete mit schwarzen Brillen für alle Altersklassen auszuliefern hatte. Kinder – so der Slimfitgedresste – die sich weigerten, in den abgedunkelten Räumen dunkle Brillen zu tragen, sollten von verzweifelten Eltern gerne auch der Behörde übergeben werden, man kümmere sich darum.

Den Postbeamten – es sei am Rande erwähnt – wurde bei Lieferung der ersehnten Pakete oftmals durch geschlossene Türen hindurch applaudiert, sie galten nun als Helden der Stunde und überhaupt hatte man ja bislang viel zu wenig der Postler gedacht, die dafür sorgten, dass es allen irgendwie gut geht.

Wiederum wenige Tage darauf wurde ein komplexes Bündel politischer Erlässe wirksam: Alle Betriebe hatten im Sinne der Volksgesundheit geschlossen zu bleiben, das verstehe sich von selbst.

Apotheken und Lebensmittelläden mit einer Grö-
ße von 95,137 Quadratmetern seien ausgenom-
men, man empfehle jedoch weiterhin die exzessive
Hortung von Klopapierfetzerln, möge allerdings
Abstand nehmen von Probeschüssen aus urgroß-
väterlichen Vorderladern, da es einige wackere
Männer bereits das rechte Augenlicht gekostet habe, was ja bei Infektion des linken komplett fatal
sei. Wer das Haus verlasse, müsse ab sofort eine
Augenklappe tragen, da sich schwarze Brillen in
anderen Ländern als untauglich erwiesen hätten.

Folglich lieferte der Online-Handel in den Tagen
darauf teils schmucke Augenklappen namhafter
Designer in tausende Haushalte. Das mit dem Ap-
plaus für die Postler verflachte sich, man hatte
sich rasch an deren Heldenmut gewöhnt.

Die Augenklappe müsse über dem linken Auge getragen werden, das sei dort, wo der Daumen
rechts sei, erklärte der ausgezehrte Bürgermeister,
also jenes Auge, unter dem bei den meisten Menschen das Herz schlage – oder ein kleiner Elefant
seinen Rüssel gerne hinstrecke. Comprende?
Links! Kleiner Elefant. Außerdem dürften sich
niemals mehr als zwei Menschen in einem Raum
aufhalten, Familien eingeschlossen. Kinder also
sollten in ihren Zimmern verbleiben, wer über zu
wenige Räume verfüge, könne sich bei der Behörde melden, man sorge sich um die Unterbringung
des überschüssigen Nachwuchses. Dies betreffe ja
besonders Migrantenfamilien und werde künftig
von der Exekutive strengstens kontrolliert.

Besonders freuten sich inzwischen Finanzvollzugs-
beamte über einen weiteren Sanktionserlass des

Bürgermeisters: So solle jeder, der gegen eine der im Sinne der Volksgesundheit notwendigen Maßnahmen verstoße, mit einer Strafe von 36.500 Euro belegt werden. Allein innerhalb der ersten sieben Tage nach Ausbruch des Verdachts der virusbedingten Erblindung ergingen 137 Straferlässe, die auch tatsächlich von vollkommen verängstigten Bürgern bezahlt wurden:

Eine Oma beispielsweise überwies ihre gesamte Lebensversicherungssumme, nur, um kurz ihre Enkelkinder sehen zu dürfen. Die Eltern dreier minderjähriger Bälger verkauften ihren geleasten Van auf dem ungarischen Schwarzmarkt, da sie nur über ein einziges Kinderzimmer verfügten. Eine Sehbehinderte bat um Ratenzahlung, da sie im Supermarkt dabei erwischt wurde, wie sie die linke Augenklappe kurz anhob, um den Preis der Tomaten abzulesen. Eine junge Frau nahm die Ersatzarreststrafe in Kauf, als sie sich mit ihrem Freund auf zwei Parkbänken bei vier Metern Abstand durch Flugbussis auffällig gemacht hatte.

Die Zarger Bevölkerung fasste an jenem Tag wieder Mut, als ein Bild des alljährlich stattzufindenden Auf-Eierns die Titelseite der Tageszeitung schmückte. Auf Seite Zwei verkündete Landeshauptmann Jägermeister höchstselbst, man wolle den braven Zargern ihr wohl Liebstes nicht nehmen. In diesem Punkt, schien es, zählte keine bürgermeisterliche Regelung. König schlägt Dame. Landeshauptmann Jägermeister Bürgermeister Schraube. Wirtschaftskammer die Volksgesundheit. 137.000 Trinkgeeichte gegen 1 Virus. Keine Virusbedrohung der Welt, meinte Jägermeister, könne den vielen fleißigen Lederhosenträgern seines Landes das große Auf-Eiern stehlen, man lasse sich das most-, wein- und bierselige Volksfest – Pandemie hin oder her – nicht nehmen, denn er selbst verspüre einen unglaublichen Durst und ja, man könne auch kosmopolitisch, denn wie sage Bürgermeister Schraube? „Vor uns fließt die Rum, in uns derselbige."

Die Langversion dieses Textes ist in Rainer Juriattis „Kritzelbuch" (Der Kollektiv Verlag, 2020) zu finden.

Angela Ahlborn

MACHT DER GEWOHNHEIT

Ich gewöhne mich

Morgendlicher Check
Ranking Germany
Zahl der Toten, Infizierten

Ich gewöhne mich

Bilder von Verzweiflung
Abtransport der Leichen
Leergefegte Städte

Ich gewöhne mich

Sorge um die Alten
Tägliche Telefonate
Verbreiten von Hoffnung

Abstand halten ist unser Gebot
Abstand gewinnen eine Fiktion
Abgewöhnen der sehnlichste Wunsch

Thomas Schafferer

maulwurf im underground *

zwanzig zwanzig, als die seuche durch die
landschaft bebt, die menschheit aus den
angeln hebt, als alles aus den fugen gerät
als zahlen steigen, zahlen sinken, als
vergleiche hinken, spielt die welt verrückt
todo loco, im lockdown locker, im
shutdown, in isolation, keine quarant-
tränen aufgrund der ausgangssperren
hygiene, maßnahmen, die am nerve
zerren, aber die curve flatten, den
coronischen anstieg niederbrettern

bis alles wieder von vorne losgeht und
das virus wieder loslegt, den artistischen
stürmer aus dem hellerleuchteten stadion
schickt, auf seine ureigensten tätigkeiten
und fähigkeiten reduziert, am staubigen
feld der ähren, amtlichen
selbstausbeutung, wo der kulturelle
punk corona in den arsch kickt, durch
post apokalyptische szenen maskiert
marschiert und weiter die systeme fickt
den erdball pflügt, im dreck wühlt
inspirative gedankenpflanzen sät, seinen
sturmlauf pflegt, statt zu pennen, statt
zu flennen, um auf den torwart
zuzurennen, straightforward durch die
krisen, um zu scoren, das goal zu
schießen, das ziel zu erreichen, nicht
abzuweichen von den visionen, um zu
produzieren statt zu präsentieren

deshalb zwischen maulwurfshügeln sich
nicht schonen, nicht resignieren, vor
verschlossenen toren, mit gefesselten
flügeln, sondern physi-kali-sches tisch-
dancing und extra-balles-trisches
training im fallen der blätter praktizieren

sobald die regierung zur stabilisierung
der statistik wieder auf die bremse tritt
die taktik schritt für schritt ändert
gräbt sich behände, ein rebellischer poet
vom acker, bewegt sich von den
verpesteten oberflächen wacker in die
tiefe, lässt sich aus verbots- und
todeszonen hinunterlocken, von oben
nach unten ziehen, down, locken statt
schach matt sich verloren zu fühlen, um
zu entfliehen der locked loco town
und sich umzuschaun, in den
katakomben dieser stadt, bald
verschwunden vom erdboden, in der
versenkung, in die keller, in den
underground versunken, im eigenen
rhythmus, im eigenen sound zu sich
gefunden, im nichtdürfen, nicht dürfen
nicht sollen, doch wollen, doch wollen
denn geschwollen sind die bedürfnisse
wie phallische exstasen, beton und
asphalt werden zu einem rasen, einem
fußballfeld, in der geiselhaft der neuen
welt, zeit, ordnung, in der gefangenschaft

im daheimseinmüssen, im nichtwissen
wie lange den berserker dieses heimspiel
in seinem kerker noch begleiten wird
muss er die tiefgaragen als endlose
weiten, die gänge als befreiung
wahrnehmen, annehmen, um schön
langsam anzufangen zu verstehen, dass
es nicht viel braucht, zu gewinnen, auch
zufrieden zu über-leben und positiv
nicht im medizinischen sinne, in die
zukunft zu sehen, statt sich von der
krassen pandemie die euphorie
stehlen zu lassen

* Gedicht aus der Text-Video-Sound-Collage „Maulwurf im Underground", die im Zuge des Projektes „Kick Corona" des Österreichischen Autorenfußballteams Ende 2020 entstand und auf Youtube zu finden ist.

DIE HÄNDE NICHT

Die Hände waschen ja natürlich. Die Hände
waschen waschen waschen. Wird einem
schon als Kind eingebläut.
Vor dem Essen erst die Hände waschen.

Mutter fragt hast du die Hände dir gewaschen?
Vor dem Essen musst du dir die Hände waschen.

Ich bin kein Kind kein Kleinkind mehr. Ich bin
ein weiser greiser Mann. Erwachsen. Der weise
Greis weiß gut genug was ihm im Leben nicht gut
tut. Und ist es nötig die Hände sich zu waschen
dann wasch ich mir die Hände auch.

Das Wann das Wie soll keiner mir mehr befehlen.
Ich lass mir von der Kanzlerin nicht sagen wann
ich die Hände waschen muss. Dass ich mir die
Hände waschen soll. Dass ich mir die Hände
waschen muss.

Wenn eine Kanzlerin befiehlt dass ich die Hände
waschen muss dann werde ich weiser Greis zum
Kleinkind. Renitent. Das happelt rum. Das
stammelt immerzu.

NEIN ICH WASCH MIR MEINE HÄNDE
NICHT. ICH WASCH MIR MEINE HÄNDE
NICHT. MEINE HÄNDE WASCH ICH
NICHT.

Wer bin ich denn dass KanzlerMutti mich Greis
zum Händewaschen mahnen muss. Da wasch ich

273

mir die Hände einfach nicht. Da wasch ich meine
Hände nicht.

So KanzlerMutti. Da hast du's. Sei vergrätzt.
Schau meine Hände an. Ich ess mein Essen mit
den ungewaschenen Händen jetzt. Und sterben
werden ich davon oder nicht.

Ich werde nicht sterben weil ich mir die Hände
nicht gewaschen habe. Nur weil ich mir die Hände
nicht gewaschen habe werde ich nicht sterben.
Ich werde nicht sterben nur weil ich mir
die Hände nicht gewaschen habe.

Ich werde mich einfach weigern zu sterben.

Zausel

Auf dem Rückweg vom Klo kommt er an der Garderobe vorbei. Derselbe alte Zausel, wie immer, starrt ihn an.

»Hallo Hermann«, sagt er zu seinem Spiegelbild. Die Stimme kratzt im Hals. Ob sie auch so klingt, weiß er nicht. Die Hörgeräte sind – ja, wo sind sie eigentlich? Wahrscheinlich in der Nachttischschublade.

Hermann schlurft weiter den Flur entlang, vorbei an einem Stapel mit Aluschalen vom Essen auf Rädern. Jeden Mittag holt er sie in die Wohnung. Sein Lebenszeichen an die Welt da draußen.

Früher hat er mit Yussuv gescherzt, wenn er das Essen brachte. Manchmal haben sie im Hof eine Zigarette zusammen geraucht. Aber jetzt ist nicht mehr früher. Irgendjemand stellt das Essen vor die Tür. So sind die neuen Regeln.

Zurück im Wohnzimmer, setzt Hermann sich wieder in den Sessel. Vor ihm stehen eine brennende Kerze und einige Fotos.

Sie waren ein schönes Paar bei ihrer Hochzeit vor mehr als fünfzig Jahren. Irmgard ist noch immer wunderschön mit ihren von Lachfältchen umkränzten Augen.

Hermann schaut sie an, konzentriert sich auf seine Hand und stellt sich vor, wie er ihre hält. Er konzentriert sich so sehr, dass sie es einfach spüren muss, dort am Ende der Straße in ihrem Krankenhausbett.

›Irmgard, meine Liebe, du bist nicht allein … und wenn du gehst, werde ich dir bald nachfolgen …‹

Katja Decher

Frevel

Sehnsucht – nach allem.
Nach Vertrautem.
Scheinbarer Sicherheit.
Wir sind unsterblich. Dachten wir.
Elend? Ist für die anderen.
Gefahr? Nicht hier bei uns.
Die Welt retten? Wir doch nicht!

Nun ist sie da, die Realität.
Spürst du jetzt endlich den Schmerz?
Begreifst du, was passiert?
Erkennst du deine Frevel?
Unsere Hölle haben wir uns selbst geschaffen.

Jacqueline Kaspar

Brief an das nervige Coronavirus

Liebes Coronavirus!

Könntest du mir einen Gefallen tun und dich vom
Acker machen? Denn du bist in letzter Zeit sehr
nervig, seitdem du da bist. Ich habe keinen Bock,
ständig diese Maske zu tragen, wenn ich zum Beispiel im Supermarkt oder woanders bin. Aber zunächst hätte ich ein paar Fragen an dich.

Warum existierst du?
Warum bist du ausgebrochen?
Magst du Nutella mit oder ohne Butter?
Warum bist du so gefährlich?
Wie lange bleibst du noch auf der Welt?
Wie hat alles mit dir angefangen?
Gibt es schon einen Impfstoff gegen dich?
Warum machst du uns so eine Panik?
Warum bist du so nervig?
Kannst du dich nicht einfach auflösen?
Warum bist du überhaupt da?
Bist du ein besonderes Virus?

Das wären die Fragen an dich. Wenn du diesen
Brief bekommen hast, dann schick mir doch eine
Antwort!

Mit freundlichen Grüßen Jacqueline Kaspar

PS: Du bist ein lästiges Virus!

Klaus Rohrmoser

GEMISCHTER SATZ

„Wenn es nur endlich vorbei wäre" – sehr lange
hab ich geglaubt, dieser Satz gehöre mir, so lange,
bis er eben nicht mehr mir gehörte. Wenigstens
nicht ausschließlich mir. Jetzt gehört er fast allen.
Jedenfalls kann man ihn aus aller Munde hören in
den letzten Monaten. „Wenn es nur endlich vorbei
wäre" – ein scheinbar ansteckender Satz. Eine offensichtlich pandemische Buchstabenfolge in diesen gespensterhaften Tagen. Jeder sagt ihn inzwischen fast achtlos vor sich hin, häufig mit einer gewissen Verzweiflung, aber immer mit einer gehöri-
gen Portion Traurigkeit in der Stimme. Solange
der Satz nur mir gehörte, ergänzte ich ihn je nach
Wunsch immer mit anderen Zusätzen – schon als
Achtjähriger raunte ich ihn vor dem Einschlafen
in mein Kissen: „Wenn es nur endlich vorbei und
ich alt genug wäre, um meiner Mutter und dem
ganzen engen Scheißdreck hier adieu sagen zu
können! Wie Hänschen Klein." Damals dachte ich
Hänschens Nachname sei Klein. Später in meinem Leben lautete der zweite Teil des Satzes etwa:
„... und ich mich schnell wieder anziehen, raus auf
die Straße dürfte, eine Zigarette anstecken und die
doofe Kuh für immer vergessen könnte." Sowas
oder Ähnliches. Meist gar nicht ausgesprochen,
nur dumpf vor mich hingedacht. „Wenn es nur
endlich vorbei wäre." Mit dem „es" in dem Satz
war immer etwas anderes gemeint: eine Hitzewel-
le, mein Fußpilz, eine Liebesgeschichte, mein über-
mäßiger Zigarettenkonsum oder einfach nur das
Warten auf etwas, das vielleicht nie kommen würde. Meistens hat sich der Satz als wirkungslos er-

wiesen, nur einmal, da hab ich ihn zu jemandem gesagt – zu meinem Großvater – nicht laut, aber trotzdem hat er dazu getaugt, etwas endlich vorbeigehen zu lassen. Ich war vielleicht zwölf oder dreizehn. Mein Großvater war gerade dabei für sich und meine Großmutter ein Haus zu bauen, ein eigenes kleines Haus, draußen am Stadtrand. Er war Zeit seines Lebens kein reicher Mann gewesen und jetzt wo er im Ruhestand war, hatte er seine ganzen Ersparnisse und die meiner Großmutter zusammengelegt und begonnen dieses Haus zu bauen. Um die Kosten zu senken, verdingte er sich selbst bei der Baufirma und arbeitete als Arbeiter mit den anderen Arbeitern. An diesem heißen Sommerabend also nahm er mich mit zur Baustelle. Vielleicht wollte er dort etwas holen oder mir einfach sein Werk, sein Lebenswerk zeigen. Das Haus war fast schon fertig, nur die Ziegel für das Dach und der Innenverputz fehlten noch. Er führte mich durch die Räume und nahm mich mit nach oben. Der Abendhimmel war fast schwarz. Wir setzten uns irgendwo hin, an den Rand der ebenfalls fast schwarzen mit frischer Dachpappe belegten Fläche. Keiner sagte etwas. Wie aus dem Nichts fing es an zu donnern und gleichzeitig brach ein Hagelsturm los. Mein Großvater war sehr unruhig. Wir flüchteten ins Stockwerk unter uns. Das Ganze dauerte keine fünf Minuten und der Himmel klarte auf. Wir gingen wieder hoch aufs Dach – die riesige schwarze Fläche war übersät mit unzähligen weißen Hagelkörnern, die gesamte Dachpappe durchlöchert, kaputt, unbrauchbar. Mein Großvater, der Soldat in Russland gewesen war, sagte kein Wort. Wir setzten uns auf einen Balken und ich sah, dass er weinte. Ich schämte mich und wusste nicht wofür. Vielleicht weil ich ihn noch nie weinen gesehen hatte. „Wenn es nur endlich vorbei wäre", dachte ich und dann sagte ich es auch. Ziemlich leise, um ihn zu trösten. Ich weiß nicht, ob er mich überhaupt verstanden hatte, aber er legte mir den Arm um die Schulter und hörte auf mit dem Weinen. Es war vorbei. So saßen wir noch ein paar Minuten auf dem durchlöcherten Dach im Abendlicht und sagten nichts. In der Stille glaubte ich seine Gedanken zu hören. Großvater dachte daran, dass er natürlich nicht versichert war und auch das Wort Katastrophe geisterte durch seinen Kopf.

Ich denk, jetzt hab ich mich verplaudert. Man erzählt so vor sich hin und schon sind wertvolle Lebensminuten ins Nichts gefallen und verloren. Unwiederbringlich! Verschwunden für immer! Im Lichte dieser Tatsache betrachtet, bekommt der kleine Satz „wenn es nur endlich vorbei wäre" allerdings eine viel weitreichendere, in der letzten Konsequenz eine tödliche Bedeutung.

Zu viele verwenden den Satz angesichts der momentanen Situation zu oft – man könnte glauben wir alle sehnten uns danach unterzugehen und beschwören tagtäglich, stündlich und minütlich unseren Untergang, den Untergang der wunderbaren von uns Ignoranten langsam zu Tode gefolterten Welt, die wir mit unserem erbarmungswürdigen „Wenn es doch nur endlich vorbei wäre"-Gejammer zu Tode langweilen und erzürnen. In Wut versetzen wir den Erdball. Meine Sehnsucht eines Morgens mit einem neuen Satz aufzuwachen wird von Tag zu Tag größer - vielleicht noch in dieser Woche. Je früher desto besser!

Wie würde dieser neue Satz wohl lauten? Keine Ahnung! Woher soll ich das wissen. Aber ich bin überzeugt, dass ich ihn erkennen werde, wenn er erst einmal da ist. Wir alle werden sofort erkennen, dass es der richtige, der rettende Satz ist, der Satz, der uns eventuell alles wieder zurückbringt, der uns uns selbst wieder zurückbringt und den wir nicht mit dieser leisen Verzweiflung und der damit verbundenen Portion Traurigkeit vor uns hinraunen müssen. Ein starker Satz mit wenigen Worten wird es sein, davon bin ich überzeugt. Und auch davon, dass es nicht mehr ewig dauern darf, bis er endlich erscheint.

Daniel Furxer

Das Leben zurückspulen
(Ein Fragment)

Es kommt mir vor, als ob es erst gestern passiert
wäre. Im Fernsehen sagen sie, wir müssen jetzt
bald zu Hause bleiben. Mitte März ist die U-Bahn
ganz leer. Im Irish Pub „Golden Harp" im Neun-
ten sitzen am Samstagabend nur sieben Personen,
wir können sofort bestellen. Sonst braucht es gefühlt Stunden, bis sich die Kellnerin ihren Weg
durch die Tischreihen zu uns bahnt. Das Bier
schmeckt fast wie immer. Morgen fahre ich zurück in den Westen. „Wohl die letzte Reise für die
nächsten fünf Monate", sage ich leise zu mir, ohne es genau zu wissen. Alle gehen sich aus dem
Weg, niemand küsst mich zum Abschied. Meine
Uhr tickt nicht, sie schwingt. Ist eine Automatik,
Schweizer Qualität.

Jetzt ist es nur noch eine halbe Stunde. Ich warte
zu Hause, bin nervös, wie vor einer Prüfung. Weiß
diesmal jedoch ganz genau, welche Frage gestellt
wird. Hoffentlich ist sie schnell vorbei. Eine Note
gibt es darauf keine, feiern will ich auch nicht.
Aber die Gemeinschaft danach tut gut. Grillen am
See ist geplant. Es wird eine sehr laue Nacht. Um
das Feuer sitzen, Umarmungen im Sommer, wir
machen es aus Gewohnheit, wir leben die momentane Unbeschwertheit.

Vorgestern war es eine Woche her. Bald wird es
ein Monat her sein, in Kürze schon ein Jahr. Ich
bringe Zeit zwischen mich und das Ereignis. Morgen werde ich vielleicht zu dir sagen: „Es fühlt

282

sich an, als ob es gestern passiert wäre." Aber es
ist schon über ein Jahr vergangen. Ein Jahr, seit
der ersten Pressekonferenz. Ein Jahr, seit mein
Konzert abgesagt wurde. Ein ganzes Jahr mit Maske. Ein Jahr, seit ich dich nicht mehr gesehen habe.

Habe das erste Mal alleine Geburtstag gefeiert vor
zwei Tagen. Wie wird das erste Mal alleine Weihnachten, das erste Mal alleine Silvester sein? Auf
dem Balkon, klatschend, dann ist alles plötzlich
wie Watte. Alles laut wie immer, obwohl die sprü-
henden Lichter verboten sind. Zeit verrinnt spur-
los. Ich nehme die Schneeschaufel und räume die
Einfahrt leer.

Wir haben noch einmal Ja gesagt, das letzte gemeinsame Ja, nach vier Jahren und acht Tagen Ehe.
Vor der Richterin, nicht vor dem Standesbeamten.
Tränen zum Abschied und ein „Mach's gut". Wir
trennen uns nach 15 Minuten. In drei Stunden werde ich wieder bei der Arbeit sitzen. Auch heute
endlos lange Zoom-Konferenzen. Ich wische mir
die Tränen aus den Augen. Es ist ein sonniger Vormittag.

Am Josefitag, dem 19. März 2021 wird unsere
Hochzeitskirche wiederöffnet. Im kleinen Kreis
werden sie feiern. Wir bauen gemeinsam San Guiseppe wieder auf – Insieme Ri-Costruiamo – das
Dach ist nun repariert. Auch die Kassettendecke
erstrahlt wieder in Gold. Ich habe den Palmzweig
noch in der Hand, auf dem Instagram-Foto. Das
zaubert mir ein Lächeln ins Gesicht. Ci vediamo.

Helga Edenhauser

Ich hatte einen Traum!

*Einen wunderbaren, befreienden Traum, der mich ganz
plötzlich in mein einfaches, unbekümmertes Leben, das ich
bis vor ein paar Monaten führen durfte, zurückkatapul-
tierte!*

Es war herrlich!
Ich musste nicht mehr auf Abstand achten - wenn
ich mich verschluckt hatte, durfte ich ungeniert
husten – mein verschnupftes Näschen geräusch-
voll in ein Taschentuch entleeren!
Ich erzählte meinen Mitmenschen ganz problem-
los, dass es mir heute nicht so gut geht – ohne
dass diese gleich zwei Meter zurückstolperten!
Es konnte mir wieder völlig egal sein, dass an der
Supermarktkassa prinzipiell ein Kunde hinter mir
anstand, der keinen Einkaufswagen benützte und
deshalb erleichtert in meinen Nacken schnaubte,
sobald er seinen „Arm-voll-Lebensmittel" direkt
neben mir auf das Band fallen gelassen hatte!
Allen Riesennasen, die so herrlich befreit über dem
Mundschutz thronten, wäre meine staunende Bewunderung sicher!
Den „Dränglern" und „Sich-ganz-nah-Vorbei-
schwindlern" würde ich wieder, wie früher, bei pas-
sender Gelegenheit einfach auf die Zehen steigen,
ohne sofort die Bilder der überfüllten Intensivsta-
tionen vor Augen zu haben!
Und bei den Paaren, die mir auf schmalen Geh-
steigen entgegenkamen, einer ganz links, der andere rechts, mich so zwangen, sie mit höchstens
zwanzig Zentimetern Abstand zu „durchqueren",

brauchte ich nicht mehr nachzusinnen, ob sie mir ernsthaft nach dem Leben trachteten!

Ich hätte endlich wieder frische Lebensmittel im Kühlschrank, weil ich, von dieser lästigen Gesichtsmaske befreit, mit nicht-beschlagenen Brillengläsern dann auch wieder das Ablaufdatum auf meinen Einkaufsartikeln erkennen würde!

Auch ein Wiedersehen mit jener jungen Dame, die mir so auf den Pelz rückte, dass sich unsere nackten Oberarme gleich zweimal streiften, bräuchte ich nicht mehr zu fürchten - genauso wenig wie ihre darauffolgende Rechtfertigung: „Ja, ich hab eh eine Maske auf!"

Nicht länger nachdenken würde ich auch über das Angebot des älteren Mannes in der Straßenbahn, der auf meine Bitte, den Mund-Nasen-Schutz doch an den dafür vorgesehenen Stellen zu tragen, äußerst launig meinte: „Wenn'st mi no amoal aonquatschst, buss i di nieda!" War das ein Angebot oder schon eine handfeste Morddrohung?

Alles „Schnee von gestern!"
Es ist einfach herrlich! Covid-19 ist ganz plötzlich wieder aus unserem Leben verschwunden! Wunderbar!!!

....

„Bitte um absolute Ruhe!
Die Schlafende möchte keinesfalls geweckt werden!"

Juna Klaiss

Coronosaurus Rex

„Das wars dann jetzt! Scheiß die Wand an, dann
bleiben wir halt hier!", brüllte Clara rasend vor
Wut in der Küche, als sie im Radio von den neue-
sten Einreiseverboten hörte, die sich über Monate
und Jahre ziehen würden. „Dieses Scheißvirus ist
so ein Arschloch", schluchzte sie und weinte zusammengekauert auf ihrem Hocker. Loui und
Sookie kamen angerannt und trösteten ihre aufge-
löste Mutter, die sich schnell wieder fing, um die
Kinder nicht allzu sehr zu erschrecken. Fünf Jahre
dauerte da schon das Virus an und brachte die Menschen an ihre Grenzen. Auch Clara, die sich ge-
schworen hatte, sich nicht davon fertig machen zu
lassen. Jetzt war es also offiziell, das Reisen wurde
verboten. Dabei hatte sie das Reisen so sehr geliebt. Mit den Kindern war sie in allen Ferien mit
dem Campingbus unterwegs, ohne Voranmeldung,
ohne Buchung, ohne festes Ziel. Sie fuhren los
und campten wild, übernachteten in Hütten, bade-
ten in Flüssen. Gegen Komfort, beheizte Pools,
Animationsprogramm und All-you-can-eat-Buf-
fets waren sie geradezu allergisch, doch was sie
heiß und innig liebten, war die Freiheit in der wilden Natur. Frei an Bäume pinkeln, unter dem fun-
kelnden Sternenhimmel im Zelt schlafen, Staudäm-
me bauen und Stöcke sammeln waren die Lieblings-
beschäftigungen der Kinder. Nach dem ersten
Lockdown war all das noch möglich, doch die nächsten Wellen zwangen alle in die Knie.

***

Als die Pandemie begann, waren Loui und Sookie
noch sehr klein, und dank Clara hatten sie keine

286

schlechten Erinnerungen daran. Denn Clara, der Clown, zog sich zum Einkaufen Loui's Unterhose statt eines Mundschutzes an, auch eine Taucherbrille und ein Prinzessinnenkostüm mit Schleier waren unter ihren verrückten Kostümierungen. Um jeden Preis wollte sie verhindern, dass ihre Kinder in Angst aufwachsen müssen und das Virus ihren Alltag bestimmt, dessen Namen sie nie korrekt aussprachen, sondern die wildesten Spitznamen erfanden. Coronosaurus Rex war ihr liebster. Sie stellten sich Coronosaurus wie einen riesigen neongelben T-Rex vor, mit rot glühenden Augen und einer blauen Zunge, so lang und zischend wie die einer Schlange, spuckend und voller grüner Bakterien, die aus seinen Nasenlöchern kommen. Aber sie malten sich auch aus, das Coronosaurus ein armes Würstchen ist, das mit seinen verkümmerten Ärmchen nicht mal ein Stück Pizza halten kann und auch keine Limo ins Maul bekommt. Und da er gern sprechen würde, aber einen Sprachfehler hat und deshalb brüllt, weil es ihn so wütend macht, dass ihn keiner versteht und alle vor ihm flüchten. Eigentlich müsste das gelbe fiese Ding einfach nur mal ordentlich seine Zähne putzen und dann wäre er nicht mehr ansteckend, aber aufgrund seiner Ärmchen kommt er mit der Zahnbürste nicht an seine verfaulten spitzen Beißer. Armer Coronosaurus Rex.

***

Was zu kurze Arme und ein Sprachfehler alles ausmachen können. Dank Rex lag die Wirtschaft am Boden, die blassen Kurzarbeiter in Jogginghosen waren eingesperrt in ihren vier Wänden, voller Existenzangst und Todesfurcht. Alle sozialen Kontakte wurden eingestellt, alle Freizeitaktivitäten verboten. Die häusliche Gewalt stieg in der damaligen

Zeit und bald flogen auch Steine in die verlassenen Schaufenster. Der Online-Handel war auf seinem Zenit, W-Lan so wichtig wie Wasser. Ein trostloses Bild zeigte sich in den Innenstädten, noch mehr Geschäfte standen leer und weitere Cafés wurden geschlossen. Die Menschen waren ausgehungert, sie wollten etwas erleben, doch die Sicherheitsbestimmungen ließen nur einen Bruchteil der BesucherInnen in die Erlebnisparks und Adrenalincenter mit langer Warteliste hinein. Das Angebot war zudem um mehr als 85% geschrumpft, die meisten dieser Unternehmen haben die anschließenden Wellen nicht mehr überlebt. Coronosaurus Rex verwüstete die Kulturlandschaft und die globale Wirtschaft. Doch nach dem unerwarteten Kälteeinbruch im Winter 2030, der das alltägliche, sowieso schon stark eingeschränkte Leben zum absoluten Stillstand brachte und die Apokalypse drohte, war es vorbei. Wie ein klirrend kaltes Gewitter bereinigte der lange Winter die Welt und ließ neben vielen Menschen, Tieren, Pflanzen, Wasserleitungen und Elektrizitätswerken auch das seit zehn Jahren wütende gelbe Monster erfrieren. „Coronosaurus Rex ist tot!" rief Clara damals in der Küche, als sie die Meldung im Radio hörte, „hey, hört zu, er ist tot!" Sookie und Loui kamen aus dem Wohnzimmer gerannt, wo sie gerade Monopoly spielten. „Mama, wer ist tot? Was ist los?", fragte Loui und erkannte schnell am Gelächter Claras, dass es gute Nachrichten waren. „Er hat endlich seine ekelhaften Zähne geputzt!" prustete Sookie los und schon lachten sie alle schallend bei der Vorstellung, wie Coronosaurus sich auf dem Sofa sitzend abmüht und mit dem rechten Bein die Zähne schrubbt und dann verkünden will, dass er nicht mehr ansteckend ist, als aus Versehen ein

Flugzeug über ihm abstürzt und ihn unter sich be-
gräbt. „Er hatte keine Chance, der Arme", grinste
Loui. Und Clara fügte hinzu, „aber er hat uns
auch lang genug genervt. Gut, dass er weg ist.
Muss uns nicht leid tun!"

Manfred Pricha

quarantäne der fremdenfeindlichkeit

das virus ist ein impfgegner
weil es überleben will
in regionen der dunkelziffer
hält es sich besonders gerne auf
meidet lichtgestalten der erkenntnis
hat in der verschwörung sein umfeld
mafiös und sozialpaternalistisch zugleich
sorgt es für wirte in wirtschaftlicher not
seine freiheit der ansteckung ist grenzenlos
deshalb wünscht es sich mehr mobilität
ein drang zur freude in der fremde
für die daheimgebliebenen ein sündenbock

Maiken Brathe

Die Krönung und ich

Nicht alle, die wir im Leben kennenlernen sind uns willkommen. Manche machen uns Angst, und ich muss trotzdem mein Leben mit ihnen teilen. Dann versuche ich mich zu arrangieren, bemühe mich, etwas zu entdecken, was meine Furcht schmälert und mir hilft, mich mit der schicksalhaften Co-Existenz anzufreunden. Manche Begegnung zwang mich, lange zu suchen. Bei meinem Lehrer dauerte es zum Beispiel zwei Jahre, bis meine Bauchschmerzen vor der Lateinstunde weg waren und mit ihnen die Angst, er könnte mich etwas deklinieren lassen. Ich entdeckte, dass der Mann, der mit seinen Fragen nach dem Kasus mir den Angstschweiß auf die Stirn trieb, gegen Mittag die Frisur verlor. In der letzten Unterrichtsstunde waren die langen Strähnen, die er auf der Seite seines ansonsten kahlen Kopfes trug und über die Mitte kämmte, heruntergerutscht. Wenn ich auf seine nun sichtbare Glatze starrte, begriff er sofort, was geschehen war und verschwand hinter der aufgeklappten Tafel, um die Haare zu richten. Was für eine Entdeckung! Er war verletzlich! So wie ich! Strähnen gegen meine Angst.
Nach Beginn der Corona-Pandemie brauchte ich nicht lange zu forschen, um die Ängste vor dem Virus zu bändigen, auch ohne an den Haaren herbeigezogenen Argumenten. Schließlich bin ich seit 40 Jahren rheumakrank. Ich kenne mich mit düsteren Prognosen aus. „Willkommen in meiner Welt!", dachte ich, als die Menschen begannen, im Supermarkt Abstand zu halten, wenn ich mit meinem Einkaufswagen in ihren Gang zwischen den Rega-

len steuerte. Einmal einen Schritt in Bewegung gesetzt, kann ich mit steifen Gelenken nicht gleich stoppen, wenn mich jemand überholt oder plötzlich meine Bahnen kreuzt; kann nicht fix zur Seite treten und spüre die schmerzhafte Kollision noch Tage später. Jetzt, in der Pandemie, ist es erholsam, dass auch alle anderen die Distanz wahren. Fast fühle ich mich wie Moses, der das Meer teilt, wenn ich durch die Gemüseabteilung wandle.

Noch nie war Einkaufen so entspannend. Kein Gitterabdruck eines Einkaufswagens mehr auf meinem Hintern. Kein Ankämpfen gegen das Unverständnis der anderen. Nichts erklären müssen.

Und wenn ich nach dem Verlassen des Supermarktes das Desinfektionsfläschchen zücke, streifen mich keine befremdlichen Blicke mehr, sondern eher neidische, dass ich so etwas Tolles mein Eigen nennen darf.

Plötzlich wissen alle, was es heißt, mit Angst zu leben, sich zu infizieren, nicht nur die, die ein geschwächtes Immunsystem haben. Und hätte es vorher nicht selbstverständlich sein müssen, nicht extrovertiert in der Gegend herumzuhusten oder -zuniesen, Corona hin oder her? Früher hatte ich manchmal das Gefühl, der Mann hinter mir in der Schlange am Postschalter, rückte mit seiner Schniefnase extra nah heran, damit er sich die Nase mit meinem Pferdeschwanz putzen kann.

Mit der Pandemie zogen auch andere Möglichkeiten in unser Land ein, die vorher unwahrscheinlich schienen: die Entschleunigung des Alltags, die Verminderung des Drucks als behinderter Mensch mit Gesunden mithalten zu müssen, ein MRT-Termin in wenigen Tagen, einfache Rücksichtnahme (mein Pferdeschwanz gehört mir!), der Blick zum Nachbarn, ob er Hilfe braucht. Die Wichtigkeit von menschlicher Nähe ist sichtbar geworden, nicht nur durch die schützenden Besuchsverbote in Pflege- und Altenheimen. Das Social Distancing entfacht in mir die Sehnsucht, meinen Papa öfters in den Arm zu nehmen, schürt aber auch das Versprechen, dass ich nach der Pandemie jede Gelegenheit dazu wahrnehmen werde, bis er mich wie einen lästigen Welpen mit einem Leckerli ablenken wird, in meinem Fall vermutlich mit seinem Käsekuchen.

Wenn ich jetzt eine Freundin unter freiem Himmel treffe, schwinge ich aus der Ferne die Arme und sende Bussis wie Schmetterlinge durch die Luft. Und ohne es bewusst zu steuern, imitiert mein Gegenüber mich pantomimisch, sodass wir beide lachen müssen. Eine wunderbare Corona-Begleiterscheinung!

Etwas jedoch ist unangenehm. Mein Gangbild, das Humpeln, von dem sonst mein Lächeln abgelenkt hatte, ist wieder ein Hingucker. Manch einer denkt wohl, maskiert gafft es sich ungenierter. Erst befremdlich für mich, strecke ich jetzt hinter meiner Mundmaske die Zunge heraus und schneide Grimassen, wenn ich mich verletzlich fühle. Das stärkt. Schade, dass ich beim Lateinunterricht keine Maske tragen durfte.

Natürlich habe ich Angst vor Covid-19. Meine Albträume verraten es mir. Zwar nehme ich keine Immunsuppressiva, jedoch ist mein Körper von der Krankheit gezeichnet. Nicht einmal ein Veggieburger passt in meine Futterklappe konstatierte neulich mein Rheumatologe, wie soll dann mein geplagter Kiefer mit einem Beatmungsgerät zurechtkommen? Wie bei der Diagnose „juvenile Polyarthritis" habe ich nur keine Wahl, als mich zu arrangieren. Wenn man als Kind erkrankt, vor allem zu einer Zeit, in der die Diagnostik in den Anfängen steckte, lebt man permanent mit erschreckenden Prognosen und der Angst, dass das Maß der Erträglichkeit überstiegen wird. Wenn ich nicht verzweifeln will, ist die einzige Alternative Strategien zu entwickeln, um der Lebenssituation etwas Positives abzugewinnen. So wie jetzt. Wir müssen uns mit Corona arrangieren und versuchen, die Angstmonster zu bändigen. Das Virus verschwindet nicht einfach hinter einer Schultafel. Aber irgendwann wird die Pandemie vorüber sein, genau wie die Schulzeit, von der ich immer noch träume, wenn starker Druck auf mir lastet.

Corona heißt die Gekrönte, das weiß ich dank meines Lateinmartyriums. Ich erlaube der Pandemie nicht, der schlummernden Angst die Krone aufzusetzen. Stattdessen halte ich mich an den alten Leitsatz: Horas non numero nisi serenas. Ich zähle nur die heiteren Stunden. Der Lateinunterricht hatte also doch etwas Gutes.

2034

Es war ein schöner Morgen, an dem sie vom Esstisch aus das Paar Spatzen beobachtete, das auf der Terrasse tobte. Ihr Blick fiel auf die Blumenkübel, die Ranunkeln ließen ihre Köpfe hängen. Es war ein trockener Frühling. Sie blickte auf die Uhr, fragte sich, ob sie es vor Dienstbeginn noch schaffen würde zu gießen, vielleicht auch den Vögeln etwas Wasser in die Vogeltränke zu geben. Es würde nur Minuten dauern, aber dann erinnerte sie sich, dass sie Lucas für heute Nachmittag eine Stunde Spielen im Garten versprochen hatte. Eine ganze volle Stunde, die sie sich draußen aufhalten durften, und sie wollte nicht wegen fünf Minuten streiten. Die Ranunkeln mussten warten.

„Mama, darf ich dieses Jahr eine Geburtstagsparty haben?"

Sie löste den Blick von der Terrasse und sah Lucas an. Er wirkte ungewöhnlich ernst, die Stirn in Falten gelegt, das Müsli in seiner Schale unberührt.

„Natürlich, Schatz, du wirst ja nur einmal acht, natürlich gibt es eine Party!"

„Aber ich will diesmal eine Party mit Kuchen und Luftballons und einem Clown! Und ich will alle meine Freunde zu uns einladen. Wir können zusammen im Garten spielen!"

Sie erstarrte, ihre Finger wurden ganz plötzlich taub. Die Tasse mit dem Kaffee rutschte aus ihrer Hand, knallte laut auf den Tisch, braune Flüssigkeit schwappte über. Sie zog den Arm weg, um ihre Bluse nicht schmutzig zu machen.

„Was meinst du?", fragte sie und versuchte, sich gleichzeitig zu beruhigen. Sie erschrak völlig umsonst. Lucas wusste nichts von früher, das war nur eine fixe Idee seiner überbordenden Fantasie.

„Ich will, dass meine Freunde kommen dürfen. Hierher."

„Was? Aber das ist doch völlig absurd, Schatz. Das geht nicht, das weißt du doch!"

„Warum nicht?"

„Na, weil es nicht geht. Es ist gefährlich! Wie kommst du überhaupt auf so etwas?"

Lucas hielt etwas in der Hand, ein kleines buntes Heft.

„Da drin, da wird von einer Geburtstagsfeier erzählt", erklärte er heftig, „da feiern die Kinder zusammen, sie spielen miteinander. Sie verbinden sich zum Beispiel die Augen und schlagen nach einem Topf. Das finde ich zwar blöd, aber sie lachen, sie umarmen sich! Ich will das auch!"

Sie umarmen sich. Umarmen sich. Im ersten Moment wollte sie fragen, woher er das Heft hatte, doch dann zeigte er ihr das Titelbild und sie musste nicht fragen. Sie erinnerte sich, ein Teil von ihr: an das Bild des sommersprossigen rothaarigen Mädchens, umgeben von seinen Freunden, gerade dabei die Kerzen auf dem Kuchen auszublasen. An die Schokoladenflecken auf der Innenseite. An die Ecke, die abgeknickt und ihr damals ein paar Tränen wert gewesen war. Wo hatte Lucas das nur ...?

„Leg es weg. Sofort. Du weißt, dass das verboten ist!" Es war nur ein Heft, ein albernes Heft und sie sollte deswegen nicht so zittern.

„Aber warum denn? Das ist gemein!"

„Leg es weg!"

Ein Piepen ertönte. *„Bereitstellung der heutigen Unterrichtseinheit in fünfzehn Minuten"*, erklärte eine automatisierte weibliche Stimme.

Lucas umklammerte noch immer das Heft. Wo nur hatte er es her? Sie hatten damals alles abgeholt, das Haus sowohl von echten als auch von Gedankenkeimen desinfiziert. Sie erinnerte sich dunkel an ein loses Brett in ihrem Kinderzimmerboden. Sollte es wirklich unentdeckt geblieben sein? Was würde sich dort noch finden? Ihre Gedanken rasten, doch im Moment hatte sie keine Zeit dafür. Das Leben musste weitergehen. Der Alltag musste weitergehen.

„Leg es weg und geh zum Unterricht. Bitte! Du darfst nicht zu spät kommen."

„Ich will aber nicht. Ich will wissen, warum ich meine Freunde nicht sehen darf, so wie das Mädchen hier. Das sind auch Kinder!"

„Es geht nicht, Lucas, es geht schon lange nicht mehr."

„Aber in dem Buch geht es!"

„Das Buch ist alt, Lucas, Menschen sind gestorben. Viele, viele dumme Menschen sind gestorben! Also leg es weg und geh zum Unterricht!"

„Weil sie sich gesehen haben?"

„Ja, weil sie sich gesehen haben. Sie haben sich gesehen und jetzt sind sie tot!"

„Bereitstellung der heutigen Unterrichtseinheit in zehn Minuten. Bitte begib dich zu deinem Arbeitsplatz, Lucas Schneider!"

„Lucas, bitte!"

Ihr Sohn starrte auf das Heft in seinen Händen, er keuchte, Tränen liefen über seine Wangen. „Ich will doch nur ..."

„Hoher Puls und unregelmäßige Atmung erfasst. Nennen Sie Ihr Passwort, wenn ein Deeskalationsteam gesendet werden soll!"

„Nein, nein, alles in Ordnung!", rief sie und kam sich im nächsten Moment dumm vor, eine Computerstimme zu beruhigen.

Sie ging um den Tisch, näherte sich Lucas, streckte die Hand aus. Sie berührte ihn nicht, Berührung war nur in äußersten Notlagen erlaubt. Es gab keine Kameras in diesem Zimmer, doch die Sensoren erfassten alles. Sie würden merken, wenn zwei Körper sich zu nahe kamen. Sie würden den Alarm auslösen.

„Bitte", flüsterte sie, „geh zu deinem Unterricht."

Er schnaufte, hielt das Heft noch immer umklammert. „Da steht dein Name drin", sagte er leise.

„Lucas, bitte, es ist wirklich unglaublich lange her, dass ..."

Er warf es ihr vor die Füße. „Vergiss es einfach!" Dann stürmte er nach oben in sein Zimmer. Sie starrte auf das kleine bunte Heft am Boden und rührte sich nicht. Wieder ertönte die automatisierte Stimme, leiser diesmal.

„Einwahl in die Unterrichtseinheit erfolgreich. Lucas Schneider, du hast dich fünf Minuten später eingeloggt als gestern. Bitte achte auf deine Pünktlichkeit!"

Dem Computer entging nichts. Auch sie würde er in Kürze an ihre Aufgaben erinnern. Sie blickte noch immer auf das Heft. Sie wagte nicht, sich zu bücken und es aufzuheben, es zu berühren. Nicht wegen der Krankheit. Sie spürte die Erinnerungen, ein Rausch von Bildern, ganz knapp unter der Oberfläche. Sie konnte nicht, nicht jetzt.

Sie ließ es liegen, räumte stattdessen das Geschirr vom Tisch, goss das unberührte Müsli in den Ausguss, stellte Schüssel und Tassen in die Spülmaschine und wischte den Kaffeefleck von der Tischplatte. Dann ging sie nach oben, um sich einzuloggen.

Die drohenden Bilder in ihrem Kopf schob sie zur Seite. Es war etwas, das sie früh gelernt hatte, es war das einzig Gute an der Krise.

Sie setzte sich an ihren Schreibtisch, der Bildschirm fuhr automatisch hoch, die Login-Maske erschien. Die nächsten vier Stunden wären sie und Lucas beschäftigt. Niemand würde sich in dieser Zeit für das bunte Heft auf dem Boden interessieren.

Anne Abelein

Krise und Chance

Ein Virus wandert um die Welt,
erreicht in etwa 80 Tagen
fast alle Länder und Nationen,
und fieberhaft erforscht man allerorten
Genome und die Auswirkungen des Übels:

Es ist der Klimawandel,
der ganze Städte bald versinken lässt,
warnen Vorausschauende.
Es ist die Ausbeutung durch wenige,
welche die soziale Schere immer weiter öffnet,
meinen Gerechtigkeitsverfechter.
Es sind die platzenden Kredite,
die Wirtschaftskrisen evozieren,
weiß der Experte.
Es ist der wachsende Nationalismus,
der die Staaten langsam untergräbt,
versichern Alarmierte.
Es sind die Flüchtlinge und Terroristen,
die unsere Werte destabilisieren,
befürchten ganz besonders Helle.
Es ist die Krankheit,
die unsere Gesellschaft kollabieren lässt,
davon sind Virologen überzeugt.

Was es auch immer ist:
Covid-19 ist nur des Eisbergs Spitze
und gefordert ist in Krisenzeiten
ausgerechnet das Schwerste: Kooperation.

Renaissance

„Können sie bitte aufrücken, hinter uns kommen
noch zwei Besuchergruppen, das könnte dann eng
werden."
Die Reiseführerin bemüht sich, unsere Gruppe en-
ger um sich zu scharen.
Im All Inclusiv Urlaubspaket steht heute der Halb-
tagesausflug „Besuch der Ausgrabungsstätten"
auf dem Programm. Die meisten aus unserer Rei-
segruppe hatten es vorgezogen einen Wellnesstag
einzulegen oder einfach nur abzuhängen.
Ich bin mit Ingra hier, wir haben uns erst auf dieser Reise kennengelernt. Von Anfang an haben
wir uns prächtig verstanden. Es war dann nur
noch eine Frage der Zeit, dass es zwischen uns ge-
funkt hat.
Beruflich haben wir eine ganze Menge an Berüh-
rungspunkten. Ingra leitet das Großprojekt „Recy-
cling ehemaliger urbaner Zentren", während ich
einen Lehrauftrag für „Historische Sprachen" habe. Klar, dass Ingra sich für diese Ausgrabungen
interessiert und ebenso klar, dass wir beide gemeinsam hier sind.
Wir stehen am Rande einer etwa zwei Meter tief
ausgeschachteten Grube. Auf der hinteren Wand
erkennt man sechs verschiedene Erdschichten,
von jeweils unterschiedlicher Struktur, Färbung
und Stärke.

„Diese Ablagerungen zeigen den Lebenslauf unseres Planeten. Jede der Schichten steht für ein erd-
geschichtliches Zeitalter von bis zu mehreren Millionen Jahren. Die unterste Schicht entstand vor et-

wa 600 Millionen Jahren. Es war die Zeit, als sich die Kontinente bildeten und es nur primitives Leben im Meer gab.

In den einzelnen Zeitaltern traten immer wieder Ereignisse ein, die die Lebensbedingungen langfristig veränderten. Das waren während der ersten vier Schichten Kälte- oder Hitzeperioden und Vulkanausbrüche. Diese Ereignisse lösten jeweils ein Massenaussterben vieler Arten aus Fauna und Flora aus.

Besonders interessant wird es bei der fünften Schicht. Gebildet hat sie sich zu Ende der Kreidezeit, als ein großer Meteorit auf der Erde einschlug und das Klima plötzlich drastisch veränderte. Dinosaurier, viele Meeresbewohner und Pflanzen überlebten das nicht. Diese Veränderungen werden als das fünfte Massenaussterben bezeichnet.

Dadurch wurde aber auch der Weg für Säugetiere und viele andere höhere Lebensformen freigemacht."

Ehrfürchtig betrachten wir die Schicht. Unsere Führerin dreht sich wieder zur Wand und zeigt auf die sechste, die oberste Schicht.

„Hier sieht man die Zeichen der letzten einschneidenden Ereignisse. Wir nennen es die Kohlendioxidschicht. Zum ersten Mal in der Erdgeschichte lösten nicht externe Ereignisse, sondern der hemmungslose Verbrauch natürlicher Ressourcen einen Klimawandel aus. Erschreckend war vor allem, dass für diesen Raubbau nur eine einzige Gruppe von Lebewesen verantwortlich war."

„Gab es auch dabei ein Artensterben?", fragte Ingra.

„Ja, es war das sechste, und bisher größte Massenaussterben der Erdgeschichte, primär ausgelöst
durch einen Temperaturanstieg. Etwa 90% der Arten verschwanden dabei auf Nimmerwiedersehen
von diesem Planeten."

Auf dem Weg zurück war Ingra nachdenklich.
„Die Natur kann grausam sein und ganze Arten
auslöschen.
Sie bringt allerdings auch ständig neue Lebensformen hervor.
So wie uns,
uns die Coronaviren."

AutorInnen und Werke in dieser Anthologie:

Bisherige Publikationen der pyjamaguerilleros*:

Nr. 28: *Das Licht und die Dunkelheit.* Reihe Pocket Art
Explosion #2 Maria Schätzer
2020: Innsbruck. ISBN-Nr. 978-3-9504143-8-7

Nr. 27: *Tiroler Teufelstanz.* 16 düster-schaurige Sagen
aus Nord-, Ost- und Südtirol. Neu erzählt und
in die Gegenwart verlegt von
Christian Kössler
2020: Innsbruck. ISBN-Nr. 978-3-9504143-7-0

Nr. 26: *Novemberkind Lyrics.* Reihe Pocket Art
Explosion #1 Julia Costa
2020: Innsbruck. ISBN-Nr. 978-3-9504143-6-3

Nr. 25: *schlaraffenzirkus.* Poesiealbum.
???affe!!!
2019: Innsbruck. ISBN-Nr. 978-3-9504143-5-6

Nr. 24: *Via Dolorosa.* 12 malerisch poetische Stationen
eines Leidensweges. Ein Gedicht-Bild-Band.
Thomas Schafferer
2019: Innsbruck. ISBN-Nr. 978-3-9504143-4-9

Nr. 23: *Über die Jahre.* 47 Tiroler AutorInnen erinnern sich
in Geschichten und Gedichten. Anthologie.
2018: Innsbruck. ISBN-Nr. 978-3-9504143-3-2

Nr. 22: *Cognac & Biskotten Talente Nr. 4–6. Anthologie.*
Mit Texten von 9 AutorInnen aus Tirol
2018: Innsbruck. ISBN-Nr. 978-3-9504143-2-5

Nr. 21: *Cognac & Biskotten Talente Nr. 1–3. Anthologie.*
Mit Texten von 9 AutorInnen aus Tirol
2016: Innsbruck. ISBN-Nr. 978-3-9504143-1-8

Nr. 20: *jahr des affen. Poesiealbum.*
???affe!!!
2016: Innsbruck. ISBN-Nr. 978-3-9504143-0-1

Nr. 19: *Sie wird dich holen. Mysteriös-düstere Kurzgeschichten.*
Christian Kössler
2015: Innsbruck. ISBN-Nr. 978-3-9503021-9-6

Nr. 18: *Provinzposse. Ein 24-stündiger Theatermarathon.*
Mit 5 Theaterstücken (von Christine Frei, Josef Maria
Krasanovsky, Thomas Schafferer, Helmuth Schönauer
und Nora Schüssler) und zugleich Dokumentation

der Ausgabe Nr. 36 des Tiroler Literaturmagazins
Cognac & Biskotten (Hrsg.) in Kooperation mit
Theater Melone
2014: Innsbruck. ISBN-Nr. 978-3-9503021-8-9

Nr. 17: *Nicht mal ein Fernzug. Ein Hypo-Roman.*
Wolfgang Nöckler
2014: Innsbruck. ISBN-Nr. 978-3-9503021-7-2

Nr. 16: *MundWerk - buchstäblich das Beste. Anthologie.* (Vergriffen)
Lene Morgenstern & Wolfgang Nöckler (Hrsg.)
2014: Innsbruck. ISBN-Nr. 978-3-9503021-6-5

Nr. 15: *ich leih mir kurz mal dein gesicht. Gedichte.*
Wolfgang Nöckler
2014: Innsbruck. ISBN-Nr. 978-3-9503021-5-8

Nr. 14: *Tiroler Sensenmann-Blues. Ein Hypo-Roman.*
Christian Kössler
2013: Innsbruck. ISBN-Nr. 978-3-9503021-4-1

Nr. 13: *hymne an die sinne. Poesiealbum.*
???affe!!!
2013: Innsbruck. ISBN-Nr. 978-3-9503021-3-4

Nr. 12: *Kommissar Prohaska: Geldstadt Innsbruck. Ein Hypo-Roman.*
Daniel Suckert, Vorwort: Inspektor Hermann Maier
2013: Innsbruck. ISBN-Nr. 978-3-9503021-2-7

Nr. 11: *Pitsch, Patsch, Putsch! Das Manifest von Budapest*
der Schreibmaschinen Egger, Furxer, Schafferer
2012: Innsbruck. ISBN-Nr. 978-3-9503021-1-0

Nr. 10: *Kommissar Prohaska: „Weltstadt" Innsbruck.*
10 humoristisch-skurrile Kurzgeschichten.
Daniel Suckert, Vorwort: Harald Haller / Schienentröster
2010: Innsbruck. ISBN-Nr. 978-3-9503021-0-3

Nr. 9: *Über das Fallen.* 41 Gedichte und 1 Fragment.
Andreas Brugger
2008: Innsbruck. ISBN-Nr. 978-3-9501923-9-1

Nr. 8: *Kaiserschmarrn.* 20 absurde Kurzgeschichten und -krimis.
Thomas Schafferer, Vorwort: Christian Kössler
2008: Innsbruck. ISBN-Nr. 978-3-9501923-8-4

Nr. 7: *Lyrik Rocks.* 2-3-4 rotzfreche Tracks.
Thomas Schafferer, Vorwort: Florian Pranger (Hrsg.)
2007: Innsbruck. ISBN-Nr. 978-3-9501923-7-7

Nr. 6:   *Bestialisches Innsbruck.* 12 mysteriös, düstere Kurzgeschichten.
         Christian Kössler, Vorwort: Florian Pranger (Hrsg.)
         2007: Innsbruck. ISBN-Nr. 978-3-9501923-6-0

Nr. 5:   *Female Lyrics,* Texte über Galtür, Hopfgarten i. Br.
         und Galtür.
         Barbara Aschenwald, Petra Maria Kraxner, Esther Strauß,
         Vorwort: Barbara Hundegger
         2006: Innsbruck. ISBN-Nr. 978-3-9501923-5-3

Nr. 4:   *digitally remastered.* 227 Gedichte aus den Jahren 1992-2006.
         Thomas Schafferer, Vorwort: Joachim Gatterer (Hrsg.)
         2006: Innsbruck. ISBN-Nr. 978-3-9501923-4-6

Nr. 3:   *Gott vs. Satan.* Die größten Flops (...) der Schreibmaschinen
         Daniel Furxer und Thomas Schafferer
         2003: Innsbruck. ISBN-Nr. 978-3-9501923-2-2

Nr. 2:   1. *Int. Upper-Ground-Festival.* Spectre vs. Cognac & Biskotten.
         Anthologie
         2003: Innsbruck. ISBN-Nr. 978-3-9501923-1-5

Nr. 1:   *splitternackt.* 28 Gedichte.
         Thomas Schafferer
         2001: Innsbruck. ISBN-Nr. 978-3-9501923-0-8

* Kleinverlag von Cognac & Biskotten – Dem Literaturclub mit dem Wow-Aha-Effekt - www.cobi.at

**Bleib gesund und
komm gut durch Dein Leben!**